なぜあの会社の社員は、「生産性」が高いのか？

社員の「行動習慣」を飛躍的に変革させる仕組み

望月禎彦 有限会社人事政策研究所代表
高橋恭介 株式会社あしたのチーム代表取締役社長

フォレスト出版

はじめに——今いる人材で、生産性を上げることはできる

良い人材を採れない時代の切り札

企業、とりわけ中小規模の企業をめぐる人事環境が、極めて厳しくなってきています。

例えば、採用。

有効求人倍率がバブル期以来の高い水準に達する中で、人材を採用することは、これまで以上に難しくなってきています。

そもそも人材を取り巻く環境はここ数年、大きく変わってきていました。少子化、人口減で、労働生産人口はますます減ってきています。もともと人材がいないのです。景気が厳しい時期になると、意外と小さな会社でもキラリと光るところには人がたくさん集まったものです。特に若い人には、そういう傾向が高かった。

ところが今は、大企業がいろいろな手法を使い、さまざまなインセンティブを強調して採用活動を展開していることもあり、大きな規模の会社への人気が高まっています。安定志向が高まっている上に、大手企業の人材の囲い込みが行なわれているのです。

こうした中では、「リスクを背負ってまで、ベンチャー企業や小さな企業に行く」という選択肢が、若い人の中でもどんどん減ってきています。**良い人材が、本当に採れなくなってきている**のです。

そこで考えなければいけないのが、戦略転換です。

これまでは、なんとか良い人材を採用してくることができたため、人を育てるよりも即採用して戦力化することが可能でした。

しかし、これからは良い人材が採れなくなってくる。「新たに人材を採用する」という考え方ではなく、**「今いる人をどう育てるか」、あるいは「どう組み合わせるか」が人事戦略上の大きな課題**になってきます。採用中心の戦略から、教育投資への戦略転換が必要になってきているということです。

今いる人の実力、モチベーションをどう上げていくか、組織をどう活性化させていくか――。

それが、問われるようになってきているのです。

人事の3要素「採用／配置」「教育」「評価」のうち、**教育や評価がこれまで以上に大事**になってきます。

そこで、ぜひ活用していただきたいと考えているのが、**「コンピテンシー」**です。

これは仕事ができる人の行動特性のことです。

できる人の行動を共有し、できる人を増やす仕組み

私は大学を卒業後、新卒でユニ・チャームに入社しました。営業、社長秘書を経て人事の仕事を担当。自分なりに成功体験を積むことができたことから、入社10年で退職。31歳で人事コンサルタント事務所を立ち上げました。

そこで私が活用したのが、オリジナルに編み出した「コンピテンシーディクショナリー」でした。これを使って、教育や組織の活性化など、人事領域をサポートさせていただいた企業は150社以上にのぼります。勉強会等で間接的に関与した先まで含めると300社を超えます。

サポート実績は、ほとんどすべての業種・業界に及びます。また現在では、台湾や中国を中心に、アジアの国々にも導入実績があります。

「コンピテンシー」を教育や組織の活性化に使うとは、どういうことか？

それは、これまで社内の一握りの人にしかできなかった行動を、社員みんなで共有できるようにし、「仕事のできる人」の絶対数を飛躍的に増加させ、生産性を上げるということです。

実際、「コンピテンシー」を活用することで、業績が大幅に向上したり、社員の仕事に向かうモチベーションが大いに上がったり、社内の雰囲気が大きく変わったり、離職率が大幅に低下する実例がたくさん出てきています。

会社を変え、業績アップに直結する人材育成法

「コンピテンシー」とは何か。それを教育に使うとは、どういうことか。それをお伝えするべく、生まれたのが本書です。

実は**「コンピテンシー」は人事評価にも使うことができます。**

実際に、私が作った「コンピテンシー」をベースに、すでに1000社近い中小企業の人事評価制度づくりを行ない、多くの会社の業績アップや組織活性化に成功している企業に「あしたのチーム」があります。

今回は、「あしたのチーム」社長の高橋恭介さんとの共著の形で、コンピテンシーにフォーカスした1冊をつくらせていただくことになりました。

3章までを私が、4章以降のコンピテンシーを人事評価制度に使う方法について高橋さんが記しています。

私は、**「コンピテンシー」こそ、会社を大きく変え、業績向上に直結する最善の人材育成の方法論**であると信じています。

良い人材の採用がますます難しくなっている今、既存の社員をいかに活用し、活性化し、盛り上げていくか。

そのために、**教育のツール**として、**活性化のツール**として、さらには**評価のツール**として「コンピテンシー」をぜひ活用してほしいと考えています。

では、詳しい解説を始めていきましょう。

人事政策研究所代表　望月禎彦

なぜあの会社の社員は、「生産性」が高いのか？◎目次

第1章 できる人の行動を共有し、できる人を増やす仕組み

——超実践的「コンピテンシー」のススメ

第2章 「生産性」を上げる仕組みの土台準備
——「コンピテンシーディクショナリー」を使いこなす

第3章

この診断ツールで、個人も会社も変わる

――個人と組織の累計コンピテンシー診断

第4章 社員の生産性を上げ、あらゆる問題を解決する人事評価制度

――「あしたの人事評価」の威力

第5章 生産性が上がる、正当な人事評価制度のつくり方

装幀◎河南祐介（FANTAGRAPH）
本文・図版デザイン◎二神さやか
編集協力◎上阪　徹
特別協力◎株式会社スタックアップ

第1章

できる人の行動を共有し、できる人を増やす仕組み

——超実践的「コンピテンシー」のススメ

「とにかく行動せよ」という指針の真意

働く従業員のモチベーションを変え、業績をも変えていく「コンピテンシー」。あまり馴染みのない言葉だと思いますが、これを「仕事ができる人の行動特性」と私は翻訳しています。

後に8群75項目の具体的なコンピテンシーをご紹介しますが、まずはコンピテンシーとはいったいどのようなものなのか、なぜ私がコンピテンシーと関わることになったのかを知っていただくことから解説を始めたいと思います。

大学卒業後、私が入社したユニ・チャームには、1つの指針がありました。それが、「とにかく行動せよ」というものでした。

私が入社したとき150人ほどだった会社は、10年後に退職するときには1000人を超える規模になっていました。これだけの急成長を遂げたわけですから、この指針は正しいものだったのではないかと私は思っています。

入社後まず3年半、営業をやっていた私でしたが、4年目にいきなり「社長秘書になれ」という辞令が下りました。

実のところ、私の営業時代は、褒められた社会人ではありませんでした。

仕事がおもしろいと思えず、つまらなくて手を抜くこともありました。週5日のうち、2日間くらいは外出すると称して海に行ってしまうような社員だったのです。

これは放っておくとろくなことにはならない、と思われたのだと思います。突然の社長秘書への異動となったのです。

この社長秘書時代、強烈に植え付けられることになったのが、「とにかく行動」という創業者の高原慶一朗社長（当時）のメッセージでした。

何度も耳にしたのが、この言葉です。

「考え方もたしかに大事だ。でも、行動に移さなければ意味がない」

どんなにいいことを考えていたとしても、行動が伴っていかなければ結果にはつながらない、ということです。逆に、ちゃんと考えていなくても、行動さえしていれば結果が出ることがある。だから、とにかく行動、行動、行動、が口癖でした。

実際、**人の評価も行動ベース**で行なわれていました。私が秘書をやっている当時はまだ細かな人事評価制度はなく、私はまさにその構築をその後の人事の仕事で担うことになりますが、おぼろげにあった評価の仕組みも行動ベースでした。

営業ならこういう行動をする。

経理ならこういう行動をする。

生産管理ならこういう行動をする……。

行動に基づく評価が行なわれていたのです。

人はそうそう変えられない。だから……

「原因自分論」の重要性

そして社長秘書になって、その心髄を直接たっぷりと聞かせてもらうことになりました。この心髄は後に、私自身の生き方の核になっていきます。

「原因自分論」という考え方です。

社長はよく言っていました。自分をめぐる世の中には3つしかない。**「環境」**と

「周囲」と**「自分自身」**である、と。

「環境」というのは、自分でコントロールすることはできません。典型的な例が景気です。これは自分ではなんともしようがない。

「周囲」というのは、自分の身近な人たちのことです。同僚であったり、上司であったり、部下であったり。例えば上司になると、急に「周囲」を変えたがる人が出てきます。教育という名の下に……。「そんなことはできるのか」と社長は言うのです。

私はよく聞かれました。

「望月さん、もしあなたが結婚して奥さんと子どもがいた場合、あなたは自分の奥さんを教育できるか？　自分の子どもを教育できるか？」……。

こう聞かれると、わかることがあります。

人はそうそう変えられない、ということ。

そうすると見えてくることがあります。

まずは「自分自身」を変えるしかない、ということです。

「考え方」と「行動」、先に変えるべきはどっち？

しかし、自分が変わったと言っても、頭の中を変えても誰も気づきません。だから、行動を変えろ、ということになるのです。行動を変える、というのは、原因自分論に基づく考え方なのです。

そして**行動が変わると、考え方も変わる**。

ただし、社長はこうも言っていました。勘違いをしてはいけない、と。

「自分が変わると周囲が変わり、周囲が変わると環境が変わる」と言う人がいるが、それは、おそらく苦労していない人が言う言葉だ、というのです。

自分は四国の山奥から出てきた。一生懸命に仕事をしてきた。しかし、自分の話を聞いてくれるのは、せいぜい20人に1人くらいだった、と。

ただし、変わらないとは言わない。**「自分が変わると周囲が変わるかもしれない」**くらいに考える。

もしかすると、ずっと行動を変え続けたら、周囲も会社全体も、変わるかもしれない。だから、そういう可能性に挑戦しようじゃないか、というわけです。

社長秘書になって最初の頃は、「原因自分論」はあまり納得できませんでした。ところが、毎日言われ続けるのです。それこそ、私の日々の言動について、逐一、聞かれるのです。「それは原因自分論的には、どういう行動なのかな」と。すべての自分の行動について、「原因自分論的にどうなのか」を考えさせられることになったのです。

要するに、**自分の行動が、すべて自分を作っている。自分が変わらなければ、何も変わらない**というわけです。何よりも行動を変えることが大事なのだと気づかせてもらったのです。

人事の新しい仕組みづくり

1年半の社長秘書の後、私は人事に異動になりました。先にも触れたように、当時はまだしっかりとした人事制度が確立していませんでした。制度はありましたが、あまり機能しているように思えませんでした。

そこで委ねられたのが、人事企画でした。評価制度や教育制度など、新たな人事の仕組みづくりを自由にやっていいと言われたのです。実際、職能資格制度や給与体系、教育体系を作ったり、採用のやり方を見直すなどをしていきました。

そしてここで、まさに行動を変えることを実践し、私自身が大きく変わる経験をすることになります。

読者のみなさんも、今までに自分で「大きく飛躍したなぁ」と実感した出来事をお持ちなのではないかと思います。人事に異動してからの2年間、私はまさにそれを経験することになるのです。

「あるべき姿」「現状」「原因」「対策」

営業の仕事に私は飽きていました。それは、営業の仕事がそこそこできていたつもりだったからです。だから、人事に異動しても、こんなふうに思っていました。

「人事の仕事だって、オレがやれば人並み以上にできるさ」

考えてみると、まったく根拠のない自信でした。そこに立ちはだかったのが、人事の直属の上司、碓井さん（仮名）です。私より5歳年上でした。

碓井さんは、ものすごく仕事ができる人でした。マーケティング部に所属し、ブランドマネージャーを務めた経験を持っていました。

メーカーでブランドマネージャーを務めるのは、基本的にできる人。ましてや私よりわずか5つ上の若さでのブランドマネージャーですから、大変なことでした。誰からも一目置かれていました。

実際、一緒に仕事をしてみると、キレ味が違いました。一言二言の質問力から企画立案力まで、並外れていました。私は日々、サンドバッグ状態でした。

実のところ、最初は「何を言われているのか」すら、よくわかりませんでした。碓井さんがよく言っていたのが、「あるべき姿は」という言葉。私はそれまで「あるべき姿」なんて、考えたことがなかったのです。

営業マンでしたから、現状はよく考えていました。目標も理解していました。

しかし、あるべき姿なんて、考えてもいなかったのです。

そして、その「『あるべき姿』から課題を3つ出せ」なんて言葉が出てくる。これまた、私には考えたことがない話でした。

要するに碓井さんの頭の中には、**「あるべき姿」**があり、**「現状」**があり、**「原因」**があり、**「対策」**がちゃんとあったのです。

なるほど利口な人の頭の中は、こういうロジックになっているのかということがわかっていきました。

しゃべり方も特徴的でした。ちょっとおもしろいことをさりげなく会話に盛り込んだりする。「なるほど、こんなふうにしゃべるのか」というのも、自分の中では新しい発見でした。

「自分の持ち味」と「他人の持ち味」は違う

しかし、今だから語れることですが、私は碓井さんとまったくソリが合いませんでした。あんなにソリが合わない人と出会ったのも、そのときが初めてでした。

私と碓井さんとでは、持ち味がまったく違っていたのです。

私はどちらかというと、サボり屋ですぐに手を抜こうとする。ところが、碓井さんは、かなり厳格で勤勉で生真面目。

「すごい人だなぁ」と思う一方で、ちょっと肌は合わないと思って、距離を置いて付き合っていたのです。それが2カ月ほど続きました。

そんなあるとき、碓井さんと人事部長が、私についてしゃべっているのを耳にしてしまったのでした。言ってみれば、私の品定めです。

「最近来た、望月はどうだ?」という人事部長の問いかけに、碓井さんはこう答えました。

「あれは企画マンとしてはものにならないですね」

ショックでした。自分はそんなにできないヤツだったのか……。しかし、自分が心から尊敬している人に言われたとしたら、素直に「すいません! 反省して頑張ります!」となったかもしれませんが、残念ながらソリの合わない人。「あの人みたいになりたい」という人ではまったくありませんでした。

それだけに、カチンと頭にきてしまったのです。

「ちくしょう、碓井め、絶対にあいつを抜いてやる」

私はそう心に決めました。考えてみたら、極めて無謀なことです。

しかし、私はそれをやろうと決めたのです。しかも、たった2年で。

自分の能力を活かす場を見つける

5歳年上、若くしてブランドマネージャーを委ねられるほど仕事ができる上司に、どうしたら勝つことができるか。

まず始めたのは、仕事のできる碓井さんと私とは、**どこが、どのように違うのかを詳細に分析**することでした。

図に掲げたのは、その一部の項目です。実際には、35ほどの項目を掲げました。

改めて比較してみると、気づいたことがありました。

勝てる項目はほとんどないということです。それこそ、私のほうが若干ネアカだから、採用の面接や新人の研修がらみのことなら好印象が残せるんじゃないかくらいしかなかったのです。

プレゼンテーション力や企画立案力は、ビジネスパーソンとして必須の能力ですが、まったくかなわない。もちろん身につけないといけないけれど、真似したところで同等にしかならない。とても勝てないわけです。

仕事のできる人と比較して、真似ることで、
自分のタレントを開発できる

「目標人物設定法」

目標人物（碓井）	どこが	自分（望月）
	人事の知識 労務の知識 マーケティングの知識 経営管理の知識 社内の人脈 社外の人脈 企画立案力 プレゼンテーション力 人事制度の企画立案 教育制度の企画立案 教育研修の運営力	

目標人物設定法の手順

①目標人物を決める（望月の場合、碓井さん）
②目標人物（碓井さん）と自分（望月）は何が違うのかを書き出す
③戦略を立てる
④戦術を立てる（とにかく真似る）

目標となるような人物がまわりにいない場合

↓

**「コンピテンシー」を活用すれば、
目標人物の設定が可能！**

それでも、私は勝ちたいと思っていました。そこで、戦略を立てることにしました。**総合力では、とてもかなわないことは確実。だから、どこかに突破口を見出そうと考えた**のです。

それが「人事制度の企画立案と教育研修」でした。

もともと碓井さんは人事に来る前はマーケティング部に7年いました。マーケティングの知識、経営管理の知識、社内の人脈、企画立案力では、とてもかないません。しかし、人事に来てからはまだ1年。しかも、人事制度の立案に関しては碓井さんも初めての経験です。これは、ちょっと頑張れば、碓井さんの上に行けるかもしれないと考えたのです。

また、教育研修に関しては、性格的に碓井さんより自分のほうが向いていると思いました。

おかげで、人事の仕事について本当に一生懸命に勉強することになりました。それは、碓井さんという存在があってこそ、でした。

毎日やるべきことを15個定め、チェック

そしてここから、社長秘書時代に学んだ「行動」がつながってくることになります。

私は、**できる人（碓井さん）の優れている部分を徹底的に真似る**ことにしたのです。

「2年で」と決意したわけですから、なりふり構ってはいられませんでした。

特に自分の弱点である企画立案業務については、碓井さんの企画書のフォーマット、書き方をそっくりそのまま真似ました。半年も経つと、碓井さんが書いた企画書か、私が書いた企画書か、周囲が見間違うくらいになりました。

また、恥ずかしかったのですが、しゃべり方まで真似しました。トップへのプレゼンテーションで、説得する際の碓井さんの口調には、心憎いものがあったからです。

こうした「行動」を、私は日々の具体的な項目に落とし込んで実践していきました。

企画立案がテーマなら、うまくなるために毎日これをやろうという内容を具体的に決めるのです。プレゼンテーションなら、うまくなるためにこれをやろう、と。

ある程度、期間を決め、**毎日15項目くらいをピックアップ**し、**やったかやらないか**

を○×で書いていく。そんな取り組みをずっと続けました。

もちろん、やらなければいけないことはたくさんありますが、中でも15項目をピックアップして、集中的にやるのです。

しかも、**ただやるのではなく、自分でやったかやらなかったかをしっかり記録**できるシートを作り、毎日、○×を記入していきました。

「碓井、ぜったい抜いてやる!」

そんなふうにブツブツ言いながら、これを毎日つけていったのです。

継続して見えてきたこと

私はもともと継続力があるほうではないのですが、改めて思ったのは、人を憎んだりすることのパワーの強さです。企業にはライバルがあったほうがいいと言われますが、まさにそう思います。

そして、継続しているうちに、おもしろいことが起きました。ソリの合わない人ですから、それまでは碓井さんの嫌なところばかりが目についていました。

ところが、碓井さんの真似をしたり、碓井さんを超えようと具体的な行動に落とし込んで日々を過ごしているうちに、少しずつ意識が変わっていったのです。

「ああ、ここはすごいんだなぁ」「意外といいところがあるんだなぁ」「この人はこんなところまで考えているのか」

などと、だんだん碓井さんのいいところが見えるようになっていきました。そうすると、**自分の気持ちにも変化**が出てきたのです。

半年もすると、意外と碓井さんのことが好きになっている自分がいました。あれほどソリが合わないと毛嫌いしていた碓井さんが、**本当の意味で私の目標人物に変わったの**です。余談ですが、私は30歳で結婚をするとき、碓井さんに仲人をお願いしました。ここまで、関係性が変わったのです。

中小、中堅の会社には「碓井さん」がいない

2年が経ち、碓井さんを追い越すという目標は、残念ながら達成できませんでした。しかし、仕事の力は、飛躍的に伸びたことを実感しました。職業人生を振り返ってみ

ても、最も自分が成長できたのが、この2年でした。

私は人事で5年間、過ごすことになりますが、もともと人事にはまったく興味がありませんでした。ところが、意外とおもしろくなってしまったのです。それで、これはちょっと人事の会社をやってみようかなと31歳でユニ・チャームから独立することになるのです。

私がコンサルタント事務所を開業できるまでになれたのは、まさに碓井さんのおかげでした。碓井さんは後に会社を移られ、今はある大手企業で役員をされています。

そんなふうにして、31歳でコンサルタント会社を立ち上げた私でしたが、特に売る商品を持っていたわけではありませんでした。

そこで私は、自分自身が碓井さんを目標に据えて大きく成長したという、先輩社員から学ぶやり方を**「目標人物設定法」**と名付けて、主力商品の1つにすることにしました。

若手社員の研修のときには必ず取り入れ、なかなか良い評判もたくさん獲得することができたのでした。

ところが、**一部の中堅・中小企業では、この方法が使えない**ことに気がつきました。研修に参加している若手社員に話を聞いたら、「目標になるような先輩社員がいない」のです。

そう言われてまわりを見渡してみると、たしかに上司にあたる中堅社員より、若手社員のほうが、仕事ができそうに見えたりすることもありました。そもそも、中堅社員のいない会社もありました。小さな会社には、碓井さんがいなかったのです。

「できる先輩がいないから当社では使えない」

という話になってしまうのです。

私は「目標人物設定法」は、若手社員を育成する上で、大変効果的な方法だと今でも思っています。

ところが、目標にすべき実在のモデルがいない。そんな中堅・中小企業の実態を思い知らされたのです。

「何か碓井さんに代わる、架空のモデルのようなものはないものか」……。

そんなことを考えていたときに出会ったのが、**「コンピテンシー」**でした。

1999年のことです。人事コンサルタントの太田隆次先生が、初めて日本にコンピテンシーという概念を紹介されたのです。

最初は『アメリカを救った人事革命コンピテンシー』を読み、セミナーにも参加しました。話を聞いて、私は衝撃を受けていました。

まさにユニ・チャームの高原社長が言っていた**「行動せよ」というメッセージとコンピテンシーがピシャッと一致**したからです。

私が衝撃を受けたのは、ユニ・チャーム時代に社長が評価していた「行動」の内容が、紹介されていたコンピテンシーの中に数多く含まれていたからです。なるほど、高原社長が言っていたのはコンピテンシーのことだったのか、とわかったのです。まさに社長の行動が体系的になったものだという理解を自分の中ではしたのでした。

もともとコンピテンシーは、アメリカで外交官の評価基準として使われていました。

ただ、あまり役に立たず、お蔵入りしてしまっていたようでした。

評価にも使えるという認識を持ちましたが、私の頭の中にあったのは、これは教育にこそ使えるぞ、という思いでした。まさに、**碓井さんがいなくても「目標人物設定法」ができる**のではないか、と考えたのです。

すでに当時、私はたくさんの会社と人事コンサルタントとしてお付き合いをしていました。実際に教育に使えるものにするべく、出会ったコンピテンシーをどう活用していくか、クライアントと一緒に考えることにしたのでした。

現場実用性と再現性を重視した「コンピテンシーディクショナリー」の誕生

後に私が作ることになる**8群75のコンピテンシーのモデル**は、中小・中堅企業の社長がスッと入っていける、馴染みのあるモデルだと自負しています。

当然だと思います。これは、実際に現役の中小・中堅企業の社長と一緒に作り上げていったものだったからです。これを、「コンピテンシーディクショナリー」と私は呼んでいます。

もともとの外交官の評価基準として使われていたコンピテンシーは、１００を超える項目がずらりと並んでいただけのものでした。体系的にもなっていない、群にも分けられていない。これは、**中小・中堅企業にうまくフィットするもの**に作り替えないといけないと私は思いました。

では8群75項目、コンピテンシーについて言葉を作ったり、群に整理していったりすることが簡単にできたのかといえば、まったく違いました。思った以上に時間も手間もかかったのです。

私が幸運だったのは、そういうことが好きなお客さまの社長が当時、3人おられたことです。私は3人の社長と週に一度、コンピテンシーを作るミーティングを行なっていきました。

このときは、一緒に3社の実際の評価制度を作るというイメージでミーティングを進めていきました。おかげで、リアルなコミュニケーションが生まれました。

「ウチの営業マンには、こんな項目はないな」

「これが加わってないと、使いものにならない」

「この2つはダブってるんじゃないか」

そんなふうに言葉を作ったり、足したり引いたりしていきました。実際、群は6つになったり、8つになったり、10になったりもしました。

それこそ、最初は5群でした。項目数も120くらいありました。実際の社長の視点から、「これは同じじゃないか」とダブりを指摘してもらったりして直していき、**最終的に8つの群**に収まっていきました。

まとめ方はなかなかやっかいでしたが、ここでも幸運だったのは、ミーティングにご参加いただいた社長の1人が極めて**ロジカル**だったことです。現場でどんどんまとめていってくれました。

私が一番心配したのは、項目の数でした。これで十分なのか。足りているのか。それは常に不安でした。また、やっぱりダブっているのではないかという心配もありました。

何度も何度も確かめ、ミーティングをし、ディスカッションをして、8群75項目のコンピテンシーディクショナリーはできあがっていきました。

公開！ コンピテンシーディクショナリーの全貌

中身については次章で詳しく書きますが、コンピテンシーディクショナリーの8群75項目を次ページに掲げました。

このうち、**A群「自己の成熟性」**と**B群「変化行動・意思決定」**は、**「コアコンピテンシー」**と呼んでいます。基本的にあまり変わることのない価値、と言い換えてもいいかもしれません。

C群、E群、F群、G群は「専門コンピテンシー」と呼んでいます。**C群は「対人(顧客)・営業活動」**、**E群は「業務遂行」**、**F群は「戦略・思考」**、**G群は「情報」**で、それぞれ営業、管理部門、企画系の専門性のイメージです。

D群「組織・チームワーク」、**H群「リーダー」**は、**「マネジメントコンピテンシー」**と呼んでいます。まさにマネジメントやリーダーに必要な価値です。

コンピテンシーや項目群の設定は、わかりやすさから企業の評価の視点で入りまし

中小・中堅企業で使えるように開発した 8群75項目のコンピテンシーモデル

「コンピテンシーディクショナリー」

【A群】自己の成熟性
1 冷静さ
2 誠実さ
3 几帳面さ
4 慎重さ
5 ストレス耐性
6 徹底性
7 率直性
8 自己理解
9 思いやり
10 ビジネスマナー

【B群】変化行動・意思決定
1 行動志向
2 自律志向
3 リスクテイク
4 柔軟志向
5 率直さ
6 自己革新（啓発）
7 チャレンジ性
8 反転志向
9 タイムリーな決断
10 目標達成への執着

【C群】対人（顧客）・営業活動
1 親密性／ユーモア
2 第一印象度
3 プレゼンテーション力
4 傾聴力
5 条件交渉力
6 新規開拓力
7 顧客維持力
8 顧客拡大力
9 人物の評価
10 人脈

【D群】組織・チームワーク
1 上司・先輩との関係
2 チーム精神の発揮
3 ムードメーカー性
4 マンパワーの結集
5 政治力

【E群】業務遂行
1 専門知識・革新技術の習得
2 文章力
3 計数処理力
4 安定運用
5 処理速度
6 コスト意識
7 トラブル処理
8 計画性
9 業務改善／品質の向上
10 業務企画力

【F群】戦略・思考
1 視点の広さと深さ
2 アイデア思考
3 論理思考
4 状況分析
5 解決策の立案
6 リスク管理
7 コンセプトの設定
8 経営資源の活用
9 アイデアを活かす力
10 思考持久力

【G群】情報
1 情報の収集
2 情報の整理
3 情報の伝達
4 情報の活用の共有化
5 情報の発信

【H群】リーダーシップ
1 理念・方針の共有
2 経営への参画
3 部下・後輩の指導・育成
4 権限の委譲
5 部下・後輩への配慮
6 コミュニケーションの充実
7 指揮・命令・徹底
8 経営幹部との関係
9 部下・後輩に対する公平さ
10 採用と抜擢
11 目標の管理および評価
12 部下・後輩との対立
13 システム管理力
14 業務管理力
15 後継者の育成

※作成者：人事政策研究所

たが、私の思いは行動のモデルでした。コンピテンシーを使って、「目標人物設定法」をやりたかったからです。

私の中には**「教育に使える」**というイメージがずっとありました。

ただ、実際に会社を経営している社長の目線でシビアにディスカッションできたことは貴重でした。おかげで、コンピテンシーディクショナリーは練り上げられ、洗練されたものになりました。

コンピテンシーづくりをサポートくださった3人の社長は、本当に優秀な方々でした。ミーティングはだいたい毎週月曜日の午後5時に設定され、3時間ほどディスカッションをしました。この時間を、私は本当に楽しみにしていました。

「できる社員」がいないときの秘策

8群75項目のコンピテンシーディクショナリーができると、私は実際にこれを人事コンサルティングのクライアント教育に使うことを考えました。

もともとコンピテンシーの考え方は、本来は実在の「高い業績を上げている人物」

の行動特性を、インタビューなどによって洗い出すことから始まるとされていました。

しかし、**実在の「高い業績を上げている社員」がいないのであれば、社員みんなで集まって、コンピテンシーディクショナリーをベースに、どう行動すべきか意見を出し合えばいい**のではないかと私は考えました。

それを目標とすべきモデルにすれば、私にとっての〝碓井さん〟がいなくても、「目標人物設定法」ができると考えたのです。

そして実際に使ってもらったら、想像を超える成果が現れていったのでした。

私はコンピテンシーの提案にあたって、**8群75項目をトランプのようなカードにする**ことを思いついていました。

社長や社員との間で、75項目をカードで見ながら、**できる人に共通する行動特性をディスカッション**してもらったり、評価基準を作ってもらったりできると考えたのです。

導入した自動車販売会社で、いきなり翌月の売り上げが2倍に

最初にコンピテンシーを使うことを提案したのは、自動車販売会社のA社でした。A社は、もともと私の人事コンサルタント事務所のお客さまでした。それまでに新しい評価制度を入れたり、営業向けに報奨制度を入れたりしていたのですが、なかなか売り上げは増えませんでした。

長いお付き合いのお客さまですから、私もだんだん焦り始めていました。何か結果を変えるようなものはないか。

そこで思いついたのが、新たに作ったコンピテンシーを使ってみることだったのです。

ちょうど、仕事ができるショールームレディの人数がまだまだ足りないという相談を受けていました。

ショールームレディは、来店する顧客にとって最も身近な存在です。彼女たちの対応の良し悪しが、売り上げを大きく左右するからです。

しかし、数年がかりでショールームレディを育ててもすぐに退社してしまい、なかなか会社にノウハウが貯まらないという声を聞いていました。

また、店舗が7カ所あるため、お互いのノウハウを交換しようにも、どうしても場所的、時間的な制約がありました。

仕事のできるショールームレディを計画的に育成できないものかという課題もありました。

そこで、「おもしろいものがあるので、ショールームレディを集めてみてほしい、研修会をさせてほしい」とお願いしました。１９９９年の11月のことです。集まったのは、17名のショールームレディでした。

コンピテンシーについて学びながら、ショールームレディに**必要な行動基準を全員参加で作成していく**ことが目的の研修会です。

まずは全員に8群75項目のコンピテンシーについて説明し、みんなで楽しみながらコンピテンシーの各項目についての理解を深めていきました。

そして、「仕事ができるショールームレディの特徴として、この75項目の中から8項目選ぶとしたら、どれを選びますか」と問いかけました。

4〜5名の4グループに分かれてもらい、各グループで議論して、最終的に8項目のコンピテンシーに絞り込まれました。

コンピテンシーの絞り込みにはかなりの時間がかかりましたが、これは重要なステップでした。

「私たちは何を大事にすべきなのか」という最も本質的なテーマについて、全員で議論し、**価値観のすり合わせ**をする過程を持つことになるからです。

そして、8項目の各コンピテンシーが出たら、次は**「具体的な行動の書き出し」**に移りました。グループごとにアイデアを出し合い、議論し、最適な表現に仕上げて、選んだコンピテンシーごとに**「自分たちの行動基準」**をまとめ上げました。

重要なことは、できるショールームレディの特徴となるコンピテンシーを8つ選ぶだけではありません。その8つに対して、具体的にどんな行動をしているのかを、すべてピックアップしてもらったことでした。

そうすることによって、売れているショールームレディの具体的な行動例が次々に

「コンピテンシーディクショナリー」を使って

「自分たちの行動基準」をつくるフロー

ステップ1

コンピテンシーを選ぶ

今後の自社の方向性や戦略を加味して、コンピテンシーディクショナリーの75項目のコンピテンシーの中から自社（または当該職種）に適したものを選ぶ。

ステップ2

具体的な行動として書き出す

選択したコンピテンシーについて該当スタッフみんなで話し合い、その内容を具体的な行動として書き出す。

ステップ3

書き出した具体的な行動の中から良いものを選ぶ

書き出した具体的な行動の中から良いものを選び、まとめ上げる。

事例：自動車販売会社のショールームレディ

選択したコンピテンシー

①A-1 冷静さ
②A-2 誠実さ
③A-6 徹底性
④A-9 思いやり
⑤B-6 自己革新（啓発）
⑥C-1 親密性／ユーモア →
⑦C-8 顧客拡大力
⑧E-8 計画性

書き出された具体的な行動
（⑥C-1 親密性／ユーモア」の落とし込み）

- お客様の名前をすぐに覚え、話しかけるときは○○様と呼びかけている。
- 子供にはしゃがんで目線を合わせて声をかけ、風船やオモチャをあげている。
- お客様に書類を郵送するときは、担当者欄の空いているところに「ご来店お待ちしています」や「ご連絡お待ちしております」など一筆入れる。
- 飲み物を伺う際には、「今日は暑いですね。何か冷たいものでもお持ちしますが……」などワンポイントトークを入れている。

明らかになっていったのです。

そして、その**行動例の中から本当にいいものだけを精査して、この行動をやってみよう**ということになりました。

驚くべきことが起きたのは、翌月のことでした。

なんと、**車の売り上げが2倍**になったのです。

コンピテンシーの導入実例は後にもご紹介していきますが、私にとっても「こんな使い方があるんだ」「いきなり成果が出るんだ」と驚きの体験になったのでした。

それ以降、いろいろな会社に提案をし、「お客さまの満足度が上がった」「定着率が高まった」などの効果をたくさんいただくようになったのです。

そして2000年の冬から、コンピテンシーディクショナリーをパッケージ商材として販売するようになりました。これが、コンサルタントや社会保険労務士などのプロフェッショナルユーザーにびっくりするほど売れたのです。

コンピテンシーの持つ可能性の大きさに、私が改めて気づいた瞬間でした。

教育を内製化できる仕組み「社内大学」

数年が経ち、2002年に私の研修を受けてくださったのが、今回の共著者の高橋恭介さんです。彼は当時、ベンチャー企業のプリモ・ジャパンの社員でした。これが、彼との最初の出会いになりました。

当時は一社員の高橋さんでしたが、実力がおありだったのだと思います。その後、マネージャーになり、教育についても一緒に考えるようになっていきましたが、さらに社内でどんどん地位を上げられ、数年後には取締役に名を連ね、副社長として人事領域についても管轄されるようになっていきました。

プリモ・ジャパンは、マリッジリングを扱い、全国に店舗を急速に拡大している急成長中の企業でした。

お客さまとしてコンピテンシー研修も行なっていましたが、それだけではなく**教育体系全体の構築でお手伝い**することになりました。

ちょうど2000年代も半ばになると、今ほどではありませんが、景気が良くなって人材がなかなか採れなくなっていきました。そこで、テーマになったのが、教育。プリモ・ジャパンがやろうとしたのが、**教育制度の内製化**でした。

これをテーマに、2006年には高橋さんと一緒に「ワールドビジネスサテライト」というテレビ番組に出演したことがあります。

そのときご紹介したのが、高橋さんと私が一緒につくった**社内大学「プリモカレッジ」**です。

それまでプリモ・ジャパンでは、さまざまな教育研修がバラバラに行なわれていました。それを体系化する取り組みをしたのが、社内大学「プリモカレッジ」でした。

コンセプトは、**教育を内製化できる仕組み。コア、専門、マネジメントの3軸で研修**を組み直していきました。

例えば、四半期に一度、開かれる店長会に、外部の講師を招いて講演してもらうという教育研修プログラムがありました。しかし、これにどれくらい意味があるのか、私は疑問でした。

それよりも、役職者が自分たちでカリキュラムを作り、自分たちが店長に教えるという体制を仕組み化したほうがいい、そんな提案をしました。経験を積んだ社員が今度は講師になり、人を育てていくのです。

外部の講師と違って、関わってくるのは実際の実務です。このほうが研修を受ける側にはダイレクトに響くのは言うまでもありません。

これ以外にも、いろいろな研修プログラムを作りました。それをまとめたのが、社内大学「プリモカレッジ」です。ただ名称をつけただけでなく、実際に10月1日の新入社員の内定式は、プリモカレッジの入学式にしたりもしました。

ここから3年間、日本ジュエリー協会のジュエリーコーディネーター資格の受験準備も含めて、**3カ月、6カ月など、教育カリキュラムを体系化**していきました。指定図書を決め、感想文も求めました。**本を通じたビジョン共有、共有言語化**です。

しかも、**単位制**になっていて、成績もカリキュラムごとに「優」「良」「可」と出て、3年後の卒業式には卒業証書も授与されるのです。

「社内大学」のさらなるメリット

入社したら、誰でもプリモカレッジに入学することになる仕組みになっていました。

そして3年間のカリキュラムが続いていく。

私が今も印象深く覚えているのは、社内大学のプリモカレッジをスタートさせてから、**平均在社年数が一気に高まった**ことです。

それまでのプリモ・ジャパンは、平均在社年数が1年半ほどでした。店舗はたくさんありますが、各店舗の人数は少ない。そこで売れない状況を経験すると、いづらくなってしまうのです。しかし、会社からすれば、教育投資をしているのに1年半ほどで退職されては元が取れません。

ところが、3年間のプリモカレッジをスタートさせると、平均在社年数が3年を超えるようになりました。興味深いことに、卒業までは在籍する社員が増えたのです。**定着率が高まれば、業績も上がっていく。**こうして会社は新たな成長軌道に乗り、後にさらなる飛躍をしていくことになります。

この立役者の一人が、今回の共著者の高橋さんでした。そして私は、そのお手伝いをさせていただいていたのです。

第2章

「生産性」を上げる仕組みの土台準備

——「コンピテンシーディクショナリー」を使いこなす

コンピテンシーの基礎知識

社員のモチベーションをアップしたり、定着率を高めたり、仕事の成果を上げることに効果を発揮するのが、コンピテンシーです。

そもそもコンピテンシーとは何か、改めて解説しておきたいと思います。

繰り返しになりますが、コンピテンシーとは「高い業績を上げている社員の行動特性」のことです。もっと平たく言えば、「仕事のできる人の行動」と言ってもいいでしょう。

「仕事のできる人」の日々の行動、専門技術、ノウハウ等を細やかに観察し、何がその人を「仕事のできる人」にしているのかを洗い出したものが、コンピテンシーです。

しかし、一口に「仕事のできる人」と言っても、職種や業務内容、またその人が所属する企業の経営戦略等によっても、定義は変わってきます。

そこで、「仕事のできる人の行動」を洗い出した後で、それをモデル化する作業が必要になります。このコンピテンシーのモデル化を、**「コンピテンシーモデル」**と呼びます。このコンピテンシーモデルは、営業職なら営業職として社員に求められる行動、つまり行動基準として活用できるほか、人事評価の評価基準等にも活用することができます。

このようにコンピテンシーを経営管理に活用することを**「コンピテンシーマネジメント」**と呼びます。

本書では、言葉の煩雑化を避けるため、単に「コンピテンシー」と呼んでいますが、右のいずれの意味にも当てはまらない場合は、**「コンピテンシーという考え方」**といった程度に理解してもらえたらと思います。

そして先にも書いたとおり、このコンピテンシーという考え方は、日本では1999年頃にアメリカから導入されました。

「仕事のできる人」の能力を、よりブレイクダウンして分析

――コンピテンシーの特徴①

では、コンピテンシーにはどんな特徴があるのか。

その1つは、**能力をより分析的にとらえることができる**ということです。

例えば、コンピテンシーを人事評価の評価基準として応用する場合を考えてみましょう。コンピテンシーの考え方では、評価基準は次のような言葉で基準が作られます。

「親密性」
「傾聴力」
「ムードメーカー性」
「計数処理力」
「論理思考」

一方、従来、多くの企業で用いられてきた評価基準では、このような言葉が使われているのではないでしょうか。

「協調性」
「規律性」
「責任性」

両者を比べてみると、「仕事のできる人」の能力が、どちらがよりブレイクダウンして分析されているか、一目瞭然だと思います。

コンピテンシーは、より具体的な行動特性なのです。

具体的な行動として「仕事のできる人の行動」を描く——コンピテンシーの特徴②

コンピテンシーの特徴、2つ目は、**具体的な行動で表現される**ということです。あいまいで抽象的なままに留めておくのではなく、具体的な行動にまで落とし込まれるのが、コンピテンシーなのです。

野球の投手を例に考えてみましょう。

ピッチングの教科書によると、150キロを超えるようなスピードボールを投げる投手は、次のような共通する動きがあると言います。

①後ろ足の始動…エッジングを利かせて、前足に重心を移している
②腕の始動…内側にねじりながらテークバックしている
③体重移動…おしりから先に進んでいる

④後ろ足のひざ…徐々に体重を乗せて運んでいる
⑤股関節…前足を踏み出したとき、もう半分左側にずらしている
⑥右肘の向き…肘の先端が投げる方向を指している
⑦右肘の高さ…肘の位置を高くキープしている
⑧右腕の振り…体側にくっつけるように振り出している
⑨グラブ…手首を固定して、指はボールを握りつぶす
⑩スナップ…手首を固定して、指はボールを握りつぶすようにして使っている

――『ピッチングの正体』（手塚一志著）より作成

この動作分析は、コンピテンシー分析の優れた一例と言えます。実際に、150キロのボールを投げるためには、これだけの細かな「行動」を選手はしているということです。逆にいえば、ここまで分析されて初めて、150キロ投手に近づけるようなボールが投げられるようになるのです。

これは、仕事に置き換えても同じことです。

例えば、優れた営業には、共通した具体的で細やかな行動や動作があるはずです。

それをどこまで分析できるか。

目に見える具体的な行動として「仕事のできる人の行動」を描くことが、コンピテンシーの考え方です。

「コンピテンシーモデル」と「業務マニュアル」の違い

ここまで話をするとよく、こんな質問が寄せられることがあります。

「コンピテンシーモデルと業務マニュアルはどこが違うのか？」

たしかに一見すると、コンピテンシーモデルと業務マニュアル、あるいは作業手順書などの文書はよく似ているとも言えます。

しかし、両者には大きな違いがあるのです。

業務マニュアルは、社内の「標準的な人」に目線を置いて作られているのです。それは「仕事のできない人」のレベル向上を目的に作成されることが多いからです。

それに対して**コンピテンシーモデルは、「仕事のできる人」に着目して、他の人をそのレベルまで引き上げることを目的に作成**されます。

「業務マニュアル」と「コンピテンシーモデル」の違い

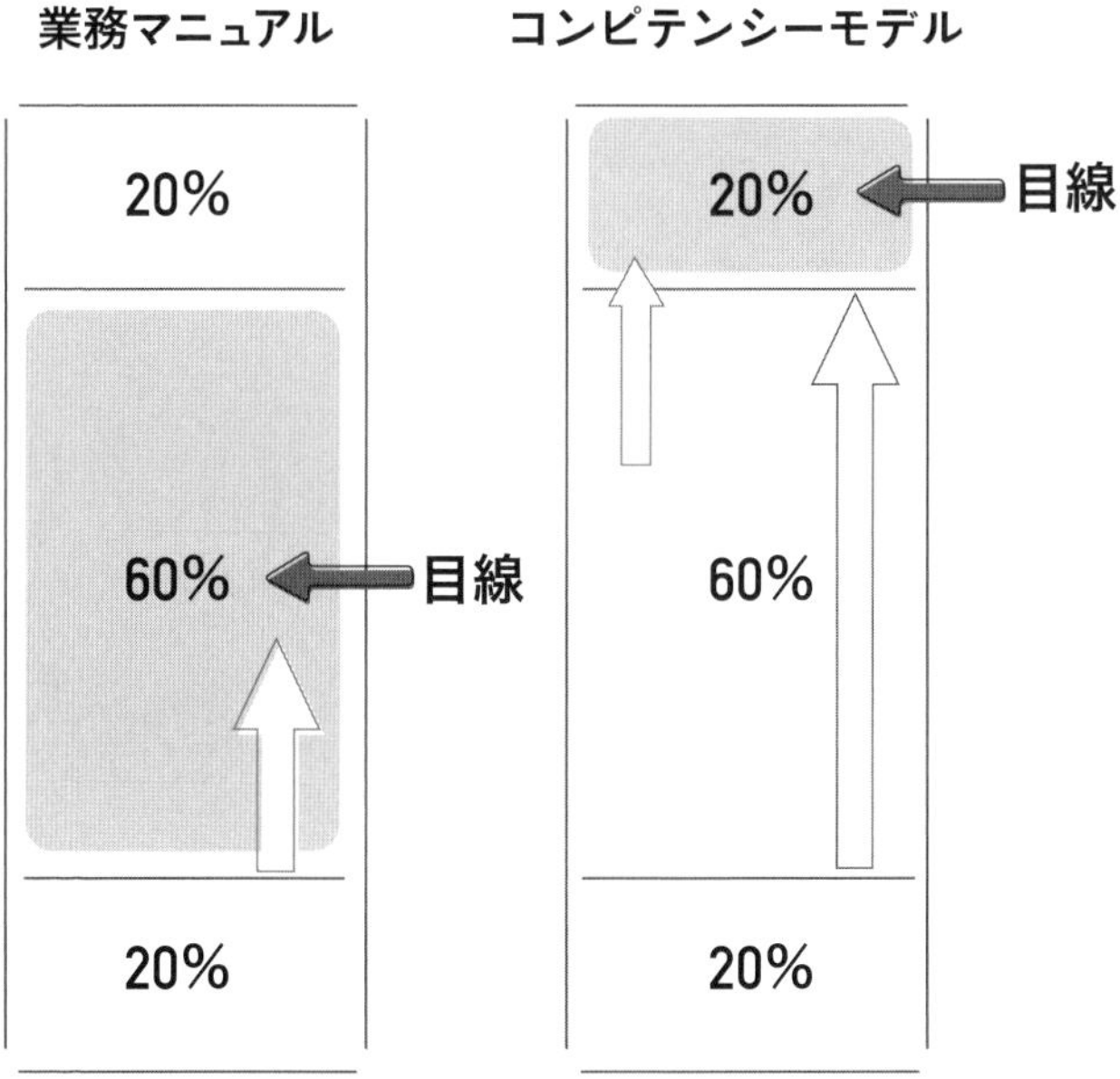

業務マニュアルの考え方は、社内の「標準的な人」を基準に、「仕事ができない人」のレベル向上を目指す。

コンピテンシーでは、社内の「仕事のできる人」に着目し、他の人を同じレベルまでに引き上げることを目標にする。

コンピテンシーモデルは、「仕事のできる人」＝「その職種におけるエキスパート」が持つ、**普通の社員とはひと味違った行動特性を拾い上げてまとめたもの**なのです。

誰でもできる、あるいは誰もが最低限やらなければいけないことを集めた「業務マニュアル」とは、本来の作成目的が異なるということです。

また、内容も大きく異なります。

コンピテンシーモデルを作成する目的は、「仕事のできる人」のノウハウを目に見える形にして、社内で共有することです。誰もが当然のこととしてやっていることを形にしてみても、それはコンピテンシーモデルとは言えません。

自社独自のコンピテンシーモデルを迅速に作ることができる最強ツール

――「コンピテンシーディクショナリー」

しかし、自社なりのコンピテンシーモデルをゼロから作成するには、相当な手間とコストがかかります。外部の専門家を入れて、大々的な面接調査をすれば、コストもさることながら、完成までには最低でも1年程度の期間は要してしまうでしょう。

それでは、スピード経営が求められる現在、一念発起してコンピテーションマネジメントを導入しても手遅れになりかねません。

そこで、私が経営する人事政策研究所が作ったのが、**「コンピテンシーディクショナリー」(コンピテンシーマスターとも呼びます)**なのです。

本来、コンピテンシーモデルの作成は、**企業によって経営戦略も活用ニーズも異なる**わけですから、その企業オリジナルのコンピテンシーモデルづくりが望まれます。

しかし、大々的な調査を行なう手間やコストがかけられない場合には、このコンピテンシーディクショナリーをタタキ台にすれば、迅速に自社独自のコンピテンシーモデルを作ることができる、というわけです。

コンピテンシーディクショナリーから
オリジナルのコンピテンシーモデルを作成する3つのステップ

8群75項目のコンピテンシーディクショナリーから、どのようにコンピテンシーモデルを作っていくのか。ある販売会社の販売員を例にしてみましょう。

◎ステップ1

まず、自社の今後の方向性や戦略を加味し、コンピテンシーディクショナリーの75項目のコンピテンシーの中から、自社（あるいは当該職種）に適したものを選択します。

◎ステップ2

続いて、選択したコンピテンシーについて社員みんなで話し合い、その内容を具体的な行動として書き出していきます。

◎ステップ3

最後に、書き出した具体的な行動の中から良いものを選び、まとめ上げます。
販売会社では、次の6つがコンピテンシーとして選ばれました。

①行動志向（B-1）
②顧客維持力（C-7）
③業務改善／品質の向上（E-9）
④親密性／ユーモア（C-1）
⑤トラブル処理（E-7）
⑥業務管理力（H-14）

例えば「④親密性／ユーモア」について書き出された具体的な行動は、以下のとおりです。

・お客さまの名前をすぐに覚え、話しかけるときには○○様と呼びかけている。
・子どもにはしゃがんで目線を合わせて声をかけ、風船やオモチャをあげている。
・お客さまに書類を郵送するときは、担当者欄の空いているところに「ご来店お待ちしています」や「ご連絡お待ちしております」など一筆入れる。
・飲み物を伺う際には「今日は暑いですね。何か冷たいものでもお持ちしますが……」などワンポイントトークを入れている。

このように、具体的な行動に落とし込んでいくところが、コンピテンシーモデルの大きなポイントになります。

そしてこれは、手間やコストをかけて自社なりにゼロからコンピテンシーモデルを作るのではなく、コンピテンシーディクショナリーを使って簡単に作ることができるのです。

解説！　8群75項目のコンピテーションンディクショナリー

では、コンピテーションディクショナリーについて、一つひとつを細かく見ていくことにしましょう。それぞれに簡単な解説を入れてみました。

◎A群……自己の成熟性

1 冷静さ……感情に動かされることなく落ち着いていて、物事に動じない
2 誠実さ……仕事や他人に対して、まじめで真心がこもっている
3 几帳面さ……物事のすみずみにまで気をつけ、きちんとしている
4 慎重さ……メリット・デメリットを考えて、注意深く行動する
5 ストレス耐性……落ち込むことがあっても素早く立ち直る
6 徹底性……一度決めたことは途中で投げ出さず、何度でも繰り返し行なう
7 率直性……自分自身や自分の考えを包み隠さず表明する
8 自己理解……自己を正確に認識し、対処する
9 思いやり……相手の立場や気持ちを理解して対処する
10 ビジネスマナー……一流のビジネスマンとして恥ずかしくない立ち居振る舞いをしている

◎B群……変化行動・意思決定

1　行動志向……ためになることであれば、体を動かすことをいとわない

2　自律志向……自らの立てた規範や意義・目的に従って行動する

3　リスクテイク……失敗の可能性があっても、思い切って可能性のあることを試みる

4　柔軟志向……状況の変化に応じて、臨機応変に対処している

5　率直さ……相手の意見や指摘をまずは受け入れる

6　自己革新（啓発）……自己の足りない部分や知識・技能を、自ら積極的に取り入れている

7　チャレンジ性……斬新なテーマや高い目標に、果敢に取り組んでいる

8　反転志向……意図的に逆の行動をとり、真意や効果を引き出している

9　タイムリーな決断……どんな状況、問題であっても時機を逸することなく意思決定している

10　目標達成への執着……最後の1分、1秒まで目標達成をあきらめずに、打てる手はすべて打つ

◎C群……対人（顧客）・営業活動

1　親密性／ユーモア……心からの感じの良さや、その場をなごますユーモアがある
2　第一印象度……最初に会って1分以内の、他人に対して好印象を与える本人の言動
3　プレゼンテーション力……伝えようとしている内容を、的確かつ説得力を持って表現している
4　傾聴力……相手の立場に立って話を聴く
5　条件交渉力……組織を代表して社外の人と接し、協力・理解を取りつける
6　新規開拓力……新しい顧客を増やす力
7　顧客維持力……現在の顧客との緊密さを維持できる力
8　顧客拡大力……現在の顧客に新商品やサービスを新たに提案し、売り上げ・利益を拡充できる力
9　人物の評価……相手の能力・強み弱みを正確に把握し、対応する
10　人脈……自社の取引に革新を起こしそうな人たちと懇意である

◎D群……組織・チームワーク

1　上司・先輩との関係……上司・先輩とのコミュニケーション、補佐を怠らない
2　チーム精神の発揮……効果的に仕事を遂行するために、自ら苦労を買って出る
3　ムードメーカー性……その存在や言動が、チームの目標達成意欲をみなぎらせる
4　マンパワーの結集……（リーダーではないが）多くの人の知恵や力を集め、まとめ上げる
5　政治力……自ら働きかけ、組織を動かすためのツボや手段を持ち合わせている

◎E群……業務遂行

1　専門知識・革新技術の習得……業界で一流と言われる知識と技能を習得している
2　文章力……目的が相手に明瞭に伝わる文章を書いている
3　計数処理力……計算が速く、数値の意味することを即座に理解している
4　安定運用……業務の流れを把握し、担当業務を正確に運用している
5　処理速度……業務遂行スピードが速い
6　コスト意識……費用対効果を常に考え、最低限のコストで業務遂行をしている

7 トラブル処理……万一クレームやトラブルが生じた場合でも、的確に処理している
8 計画性……スケジュールに基づき、段階を追って物事を進めている
9 業務改善・品質の向上……担当業務のやり方・手段、あるいは仕事そのものを、自ら提案してより良くしている
10 業務企画力……業務の流れや段取り、ツール等を独力で作る力

◎F群……戦略・思考

1 視点の広さと深さ……先見性、革新性を持って課題をとらえる
2 アイデア思考……新たな発想で事実や情報の活用を考える
3 論理思考……物事を客観的にとらえ、筋道を立てて自分の考えを展開する
4 状況分析……物事の原因と結果と正確にとらえる
5 解決策の立案……(小さな改善提案ではなく)担当業務における構造的・潜在的な問題、将来的な課題に対するプランニング
6 リスク管理……あらかじめ予測されるトラブルを想定し、予防策や代替案を用意

する

7　コンセプトの設定……今後取り組むべき課題やキャッチフレーズを自ら提示する

8　経営資源の活用……目標達成のために、ヒト・モノ・カネ等、経営資源の活きた使い方をする

9　アイデアを活かす力……他人のアイデアを加工し活用する

10　思考持久力……1つのテーマに対して、あらゆる角度から長期にわたり徹底的に考える

◎G群……情報

1　情報の収集……さまざまな情報源から定期的に豊富な情報を仕入れている

2　情報の整理……集めた情報をすぐに使えるように定期的に整理・加工している

3　情報の伝達……相手の欲している情報をタイミング良く使える

4　情報の活用の共有化……知り得た情報を公開し、共通のノウハウとしている

5　情報の発信……情報を自分なりに追加、修正、加工し、周囲に発信している

◎H群……リーダーシップ

1 理念・方針の共有……経営理念・方針、新しいやり方をわかりやすく部下・後輩に理解させ、実行させる
2 経営への参画……部下・後輩を上手に計画・企画立案や改善活動に参加させる
3 部下・後輩の指導・育成……部下・後輩に気づきを与え、仕事を通じて計画的に人間性を高め、成長させる
4 権限の委譲……やる気と意欲のある部下・後輩に思い切って仕事を任せ、伸び伸びと仕事をさせる
5 部下・後輩への配慮……部下・後輩への気配り、心配り
6 コミュニケーションの充実……一人ひとりの部下・後輩とより良い信頼関係を築き、効果的に仕事に活用する
7 指揮・命令・徹底……目標や新しいやり方、規則やルールを部下・後輩に徹底して守らせる
8 経営幹部との関係……良い意味での緊張感を保ち、適切な報告・連絡・相談をする

9　部下・後輩に対する公平さ……部下・後輩を分けへだてなく扱う
10　採用と抜擢……「素材」を見出し、場を与える
11　目標の管理および評価……具体的な目標を設定し、定期的に途中面談し、結果を評価する
12　部下・後輩との対立……部下・後輩に嫌われることを恐れず、言うべきこと、厳しいことを堂々と言う
13　システム管理力……既存の管理システムを利用し、経営の実効性を上げている
14　業務管理力……業務効率アップのために、仕事の流れや分担をしっかりとチェックする
15　後継者の育成……自分の腹心（分身）を決め、計画的に特別教育している

コアコンピテンシーと専門コンピテンシー

コンピテンシーとは、何度も書いていますが、ビジネスシーンにおける、仕事ができる人の行動特性です。

できる人は、こういうことができている。できるリーダーはこんなことをしっかりやっている。それを具体的な行動に落としたものです。

◎コアコンピテンシーのポイント

もうお気づきになられた方もいらっしゃるかもしれませんが、**A群とB群は人の資質や個性によるべき項目**です。これらは人として、あまり変わらないものを入れてみようというのが、A群、B群のコンピテンシーディクショナリーのコンセプトになっています。

これは、先にも解説したように「コアコンピテンシー」です。図にすると、真ん中に入るような行動特性ということが言えますが、一方で**なかなか変えにくいコンピテンシー**でもあります。

自分自身の性格や持ち味の核になっているようなコンピテンシーですから、研修やトレーニングによって変容させることは難しいですが、だからこそ特に強みを活かすことが重要になります。

これは後に、評価基準について共著者の高橋さんが書かれますが、評価基準を作るときにも、**どんな職種をやっている人でも共通的に持っておいてもらいたいもの**を、このA群、B群から選んでもらうといいと思います。

◎専門コンピテンシーのポイント

一方で、**C群、E群、F群、G群は、いわゆる専門性とも呼べるコンピテンシー**です。専門コンピテンシーと呼んでいます。

これらは、**入社後に、あるいはその職種に就いた後でも大きく変えていくことが可能な行動特性**と言えます。

C群は対人折衝力が中心で、営業職で選ばれることが多いコンピテンシーです。

E群の業務遂行は管理系や製造系などで求められるコンピテンシーと言えます。クオリティ、コスト、納期などが問われる職業に必要な行動特性でしょう。

F群は、企画や開発の業務をする人にとって、大切なコンピテンシー。G群は情報処理ですから、このあたりはどんどん伸ばしていくことができる専門性と言えるでしょう。

これらは**トレーニングによって、自由に強化にすることが可能**です。

「強みをさらに伸ばす」「まずは弱みを克服する」という2つの選択肢がありますので、そのやり方を上司と部下でよく考えてみることが重要になります。

◎マネジメントコンピテンシーのポイント

D群とH群は、いわゆる**リーダーシップのコンピテンシー**です。「マネジメントコンピテンシー」と呼んでいます。これらも、専門コンピテンシーと同様、役職や役割に応じて変容することが可能です。

しかし、自己流で着眼点を作ってみても、限界があります。そこで、1つのポイントになるのは、**視点を変える（変えさせる）**ことです。

修羅場を経験させる、と言い換えてもいいかもしれません。例えば、昇格させる、思い切ってリーダーを任せる、言うことをきかない後輩を補佐としてつける、など。

今までとは違った経験をすることで、自分自身の視座が変わり、コンピテンシーの変容が見られる。そんな行動特性です。

優れたリーダーや経営者は、A群、B群がおしなべて優れているばかりでなく、いずれかの専門コンピテンシーやマネジメントコンピテンシーが突出していたりするものです。

実は私は、歴史大好きの歴史オタクなのですが、日本の歴史上の三大スター、織田信長、豊臣秀吉、徳川家康の3人について、8群75項目のコンピテンシーディクショナリーで見てみることにしましょう。

織田信長は、どんなコンピテンシーが優れていたのか？

まずは戦国武将、織田信長です。織田信長については、歴史的にさまざまな評価がありますが、なんといっても彼の功績は、当時の**戦のやり方を根本から変えてしまったこと**だと思います。

その象徴が、武田勝頼軍と戦った「長篠の戦い」でした。この戦いのポイントとは、鉄砲という新しいスキルの徹底活用にありました。

当時の武田の騎馬隊の強さは、世に聞こえていました。この強敵に向かうには、相手に無理な戦いを強いることこそ、最上の作戦でした。

しかし、たとえ武田軍に無理な戦いをさせても、もし正面衝突したならば、それでも織田軍が敗れる可能性がありました。そこで信長が考えたのが、**鉄砲の新しい利用法**だったのです。

この頃の信長はまだ尾張の〝大うつけ〟とやゆされる一介の武将でした。しかし、鉄砲という新しいスキルの有効性をいち早くとらえ、当時の財政事情からは過剰とも思える資金を鉄砲に費やして足軽一人ひとりに与え、鉄砲を重要な戦略の一環としてとらえていました。

それに対し、武田軍では鉄砲は家臣の自己負担となっていました。武田側ではあくまで「大事だぞ、そろえておけよ」程度の認識だったわけです。この差が、長篠の戦いの勝敗を決したのではないかと思うのです。

では、長篠の戦いがどんなものだったのか、ちょっと〝実況〟を読んでみることにしましょう。

5月21日早朝6時、攻撃開始。仕掛けたのは武田群の最左翼にいた山県昌景隊。続いて武田信廉隊、小幡信貞隊が突撃する。武田の戦法はほぼ次のような展開をとる。200メートルぐらいまで敵陣に迫ると鉄砲隊が射撃を開始、さらに接近して今度は弓隊がこれに代わる。次に槍隊が穂先をそろえて突っ込むと、後方に待ち構えていた騎馬隊が一斉に突撃して敵を蹴散らす。

しかし、馬防柵の中に引っ込んで一向に進撃してこない相手では、戦法も変えざるを得ない。そこで、設楽原では騎馬隊が先陣を切って突撃した。彼らの行く手には馬防柵が立ちふさがっている。しかしそんなものを恐れるような騎馬軍団ではない。一気に突破する勢いで肉薄した。

彼らを迎え撃ったのは、柵の前に出ていた鉄砲隊だ。射程距離まで接近したところで、一斉に火蓋を切る。と同時に、さっと柵内へ引き下がる。馬防柵は切れ目のないフェンスではなく、50メートル程度の間隔をおいて出入口がある。射撃はそれで終わったのではなく、柵内で待機していた鉄砲隊が続いて撃つ。さらに彼らの後ろに控えていた銃手が撃った。

3段構えの斉射は間断なく武田の騎馬隊を銃撃した。3番手の銃手が撃ち終わるころは、1番手の銃手が弾丸ごめを終えて撃つというかたちになるので、武田軍はひっきりなしに弾丸を浴びる羽目になる。

鉄砲隊の数は1000ないし3000と記録されているが、この数字はどちらも正しいといえる。なぜならば総数は3000であり、3000の鉄砲隊を3隊に分けて使えば、1隊が1000人になるからだ。鉄砲隊の狙いは主に疾駆する敵の馬にあった。将を射んと欲すればまず馬を射よ、である。馬を斃せば武田軍得意の騎馬突撃が不可能になる。騎馬隊を失うと武田軍の戦力は半減するはずだ。

要するに武田の命綱は騎馬隊である。いかにして命綱を断ち切るか。そこに信長は着眼し、鉄砲隊の編成を工夫したのだ。戦闘は3キロ弱にわたる長い戦線の各所で行われたものだから、1000人の鉄砲隊が一斉に射撃を行ったわけではない。各舞台の陣所でそれぞれの鉄砲隊が3段構えの斉射を行ったのである。

騎馬隊は信長発案の銃撃戦法によって大被害をこうむった。彼らのほとんどが連子川の手前で、あるいは空堀の中で斃れた。

しかし、なかには3番目の柵まで突破してきた連中もいる。3番目の柵を破れば、そこは間近に信長の陣所があった。

本営をおびやかしたのは内藤昌豊の部隊だった。だが、3番目の柵を突破したとき、1000余の兵力はわずか24人となっていた。結局、彼らも本営までは届かず、本多忠勝隊の手によって討ち取られた。

おびただしい犠牲者を出しながらも、織田軍の間断ない銃撃をかいくぐって武田軍は何度も逆襲を繰り返した。連子川沿いの各所で馬場信春が9度、内藤昌豊が6度、山県昌景が19度も突撃を敢行している。そして彼ら信玄以来勇名をはせた猛将たちは、ことごとく討ち死にを遂げてしまったのである。

午前6時から始まった戦闘は、午前11時頃に至ってようやく武田側に敗北のきざしが見えてきた。騎馬隊の突撃がほとんど止まってしまったのだ。

――『一冊で読む織田信長のすべて』（風巻紘一著、三笠書房）より

孫正義も絶賛する信長の戦略

長篠の戦いについて、ソフトバンクの孫正義社長が語った内容が伝えられています。

これも、極めて興味深いものなので、ご紹介しておきましょう。

日本の歴史上、織田信長は日本が生んだ革命家の一人だと思いますが、なぜ織田信長が今日に至るまでスーパースターとして語り継がれているかというと、やはり鉄砲を最も上手に、最も戦略的に使いこなした人物だったからだと思います。

最初にそれを見抜いたのは、斎藤道三だと思うのですが、この斎藤道三が初めて対面したとき、織田信長は自分の行軍の中に200挺の鉄砲を持っていたそうです。

今の貨幣価値に直すと、当時鉄砲1挺が2000万円くらい。オフコン1台の値段と一緒です。つまり、200台のオフコンを40億円で買ったことになります。

尾張の織田信長が10代の頃、当時の小さなスタートアップのベンチャーカンパニーがオフコンを200台持っていたということで、いかにいびつなほどアンバランスな先行投資をやっていたかということがわかると思います。

それを見て斎藤道三は、これは単なる尾張の大うつけではない、と直感的に見抜いたわけです。

それから数年後、武田軍と織田信長が戦いました。馬に鎧冑に刀や槍を使って戦った2万の武田軍に対し、織田信長は2000挺の鉄砲を持っていました。

そして、たかだか鉄砲の装備率10%で、つまりほとんど鉄砲隊だけで、天下無敵と言われた武田軍を壊滅的にやっつけてしまったのです。

織田信長の影響以降、日本では鉄砲の大量生産が始まって、関ヶ原の戦いでは東軍と西軍合わせてなんと6万挺、鉄砲装備率で30%にまでなったということです。

これは本当にすごいことで、この生産量は、日本一国で全ヨーロッパの鉄砲生産量を超えたと言われています。

つまり、日本がハイテク工業製品の品質管理をして大量生産するという姿は、第2次世界大戦以降に始まったのではなく、実は織田信長の影響によって始まったのです。

――「ジャフコ特別講演会レジュメ」より抜粋

鉄砲をいち早く使いこなした織田信長は、何より**「構想力・発想力」がずば抜けた人**だったということなのだと思います。

8群75項目の中の**F群「戦略・思考に関するコンピテンシー」**

◎視点の広さと深さ
◎アイデア思考
◎論理思考
◎状況分析
◎解決策の立案
◎リスク管理
◎コンセプトの設定
◎経営資源の活用
◎アイデアを活かす力
◎思考持久力

を掲げてみると、織田信長の行動特性の特徴が改めて見えてくるのではないでしょうか。類い希な先見性は、このF群の強さあってこそ、だと思うのです。

人の自己重要感を満足させ続けた日本一の「人たらし」秀吉

続いて、織田信長が本能寺で倒れた後、天下を手に入れることになる豊臣秀吉です。秀吉に関しては、2つのエピソードをご紹介しましょう。1つ目は、「モスケ」の話です。

秀吉が長浜というお城の城主だった頃、900名の部下がいました。夜回りの足軽が、ある晩、警備をしていると「モスケ、モスケ」と呼ぶ声がします。顔を上げてみると、そこにいるのは、城主の豊臣秀吉ではないですか。

城主自らに「モスケ」という名前を覚えていてもらい、直接、声をかけて呼んでもらえただけでも感激なのに、秀吉はこう尋ねます。

「モスケ、お前の母親の具合はどうだい？」

これにはモスケは驚きます。一番下っ端の足軽に、母親のことまで気遣ってくれる。涙を流しながら、殿のためなら死んでもいい、とモスケは思いました。

——著者・望月が各種文献より作成

豊臣秀吉についてよくささやかれるのは、**「人たらし」**だったという物語です。このエピソードも、まさにそれを象徴するものと言えるでしょう。とにかく、人気があったのです。だから、家来たちはとにかく秀吉に尽くした。

この**強烈な忠誠心を手に入れるために、秀吉はどのくらいの〝投資〟をしていたか**。秀吉のことですから、部下を使って情報を集めさせていたでしょう。そして、結果を出せば大きな褒美を出したことでしょう。ここにこそ、名古屋の中村という田舎の百姓から天下人にまで登り詰めた秘訣があるのです。

豊臣秀吉がまず抜きんでていたのは、コンピテンシーでいえば、**C群「対人（顧**

客）・営業活動」だったのではないかと思います。

◎親密性／ユーモア
◎第一印象度
◎プレゼンテーション力
◎傾聴力
◎条件交渉力
◎新規開拓力
◎顧客維持力
◎顧客拡大力
◎人物の評価
◎人脈

人間が持つあの本能を持ち上げる能力が日本一

人間には5つの本能があると言われています。

1つ目が、生存本能。「生きたい、飢えたくない」という本能です。だから、モノやお金を与えてくれる人に、人は魅力を感じます。

2つ目は、群居衝動。人は一人では生きられません。群れで生きていきます。しかし、これは代用もききます。幼い少女がお気に入りの人形を持ったり、人は信じられないからとペットに走る人がいるのは、その1つの例です。

3つ目が、自己重要感です。これはどういうことかというと、人は生まれながらにして人より勝りたい、人より有能であるとの証拠を自分自身に確認したいのです。

まわりを見てみると、この自己重要感に満ちていることに気づけます。「オレの顔をつぶした」「つぶされた」……。これは、自分が人より勝っている、有能であるという確認が欲しいという心からの叫びなのです。

そして**4つ目**は性欲、**5つ目**は好奇心ですが、何より**三番目の自己重要感について、日本で一番持ち上げるのがうまかった**のが、豊臣秀吉という人ではなかったかと思うのです。

人の成功の道は2つあります。専門家、スペシャリストとして登り詰めるか。組織の長、ゼネラリストとして登り詰めるか。ゼネラリストになりたい人のほうが多いかもしれませんが、その場合、極論すれば、才能は二の次だと思います。技術的な知識やアイデアがなくてもリーダーになれるから。人のトップに立つとは、人の重要感をどれだけ満足してあげられるかということだからです。

ときどき、中学卒、高校卒で上場企業のトップに登り詰める人がいますが、例外なくこのスキルを持っている人だと思います。

秀吉が抜きん出ていた「業務遂行能力」

豊臣秀吉についてはもう1つ、あまり知られていない、抜きん出た能力についてご紹介しておきたいと思います。

それを象徴するのが、「大垣の遠走り」です。

織田信長が本能寺で倒れた後、その後継者の座を賭け、二大勢力だった豊臣秀吉と柴田勝家が激突する「賤ヶ岳の戦い」の中で、ターニングポイントになる出来事です。

ここで勝敗を分けたのは、秀吉率いる1万5000の大軍が、52キロもの道のりをわずか5時間、しかも夜間に移動し、勝家の虚を突いたことです。

当時の進軍スピードからいって考えられないことでした。しかし、事実をよく分析してみると、ただ単に気合いと根性で1万5000の軍勢をしゃにむに突進させたわけではありませんでした。

秀吉の抜群の**アイデアをベースに兵站部（今流でいえばロジスティクス／物流部門）等の後方支援部隊が、精巧な実効プランをもとに、それぞれの役割を明確に着実にやり遂げた**ことがうかがえるのです。

こちらもそれを描写した物語をご紹介しておきましょう。

天正10年（1582年）6月、未だ夜も明けやらぬ本能寺の杜に時ならぬ軍馬の響きが起こった。

明智光秀の謀叛!!

かくて戦国の英雄織田信長は紅蓮の炎の中に無念の最期を遂げた。

信長倒る！の急報を受けた羽柴秀吉は大軍を率いて中国路をひた走る。ついに山崎の合戦の火ぶたが切って落とされた。信長の弔い合戦で光秀を圧倒した秀吉は、天下とりの名乗りをあげた。

しかしここに光秀討伐の先を越され、心中穏やかならぬ男がいた。織田家家臣の中でも実力ナンバーワンの柴田勝家その人である。この二大勢力が次の天下をめぐって激突することになる。

人間の歴史は常に戦によって新しいページがめくられてきた。そういう歴史の流れを変える戦に勝利する者はその戦い方においても時代を先取りした斬新な戦い方をしていったように思われる。豊臣秀吉がその例だった。さて、いかにして秀吉は天下をとったのだろう。

織田信長の後継者は羽柴秀吉か、はたまた柴田勝家か。

信長死後の天下はこの二つの勢力に分断された。当時秀吉は姫路城を居城とし、だいたい畿内から西の地方をその勢力下においていた。

柴田勝家の勢力分野だが、勝家自身は越前北の庄の城を居城としていた。そして伊勢北部にある滝川、美濃（岐阜）の神戸といった武将と結び反秀吉同盟を形づくっていたのだ。

いよいよ決戦のときがやってきた。

天正11年（1583年）の3月、北の庄にいた柴田勝家は軍を動かし、北国街道をどんどんと南下していた。さらに南下を続けると北近江に達する。琵琶湖のちょうど北側にある余呉湖という小さな湖の北側に柴田軍は軍を敷いた。柴田勝家の正面にはあの賤ヶ岳が見えていたはずである。

一方、そのとき秀吉は居城の姫路城を留守にしていた。実は戦中で伊勢の北側、滝川一益という武将を攻めていたのだ。

ここで秀吉は柴田勝家挙兵の知らせを聞き、軍勢を急遽動かして、賤ヶ岳へ向けて大軍を動かしてきた。そのときの秀吉軍の軍勢は2万5000。一方、迎え撃つ柴田軍の軍勢はというと2万8000だった。

2万5000と2万8000、兵力的にはほぼ均衡した状態で両軍はにらみ合った。このにらみ合いがなんと1カ月の長きにわたったのである。

均衡が破られたのは、この地ではなかった。美濃（岐阜）の織田信孝が、秀吉の背後を突く形で岐阜で挙兵したのだ。

それを聞いた秀吉はすぐに軍勢を動かした。岐阜に向けて2万の軍勢を動かし、大垣までやってきた。賤ヶ岳にはわずかに残された秀吉軍がいただけとなった。

名将柴田勝家、この千載一遇のチャンスを逃すわけはなく、ここで攻めて壊滅的な打撃を与えてしまうのである。

柴田軍攻め来る、の報を受けた秀吉は直ちに作戦を変更、申の刻（午後4時）大垣を発った秀吉軍は関ヶ原を抜け、伊吹山の山すそを通る街道を賤ヶ岳へと向かった。

1万5000の軍勢が賤ヶ岳を望む木之本に着いたのが、午後9時。大垣から52キロの道のりをわずか5時間、時速10キロで駆け抜けたのである。決戦の部隊は琵琶湖の北、賤ヶ岳から余呉湖にかけての山岳地帯である。

柴田軍は勝ち戦の後も、その場にとどまっていた。秀吉軍到着は、まだ先のことと読んでいたのである。ところが、予想もしない秀吉軍のすばやい到着に、柴田軍は混乱した状態に陥り、戦況は一変したのである。

「賤ヶ岳の七本槍」の活躍もめざましく、わずか半日で秀吉の勝利は確定的となった。余呉湖の近くに陣取っていた柴田勝家もついに退却を決意、北国街道を北の庄まで敗走した。

そこで秀吉の徹底攻撃を悟った勝家は自ら城に火を放ち、妻お市の方と共に自害して果てた。

——参考資料「ビジョンメソッド研究所」

1万5000人が52キロを5時間で走れた理由

秀吉にとってみれば、この賤ヶ岳の戦いは、天下分け目の合戦です。そして、そのポイントになったのが、軍隊のすばやい移動です。それが、勝利を呼び込んだのです。

それにしても1万5000もの大軍が52キロの道のりを、わずか5時間で駆け抜けるなどというのは、常識では考えられないとする見方もあります。しかも、足軽でも5キロ近くあった軍装をつけて、です。これは2・5キロのダンベル2本の重さです。ところが、これは資料を調べていくと、まぎれもない事実だったのです。詳しく見ていきましょう。

賤ヶ岳の戦いのとき、秀吉は岐阜城の織田信孝の動きを牽制するため、わずかの軍勢を賤ヶ岳周辺に残し、主力1万5000の兵を率いて大垣にいた。

秀吉の主力が留守なのを見て、柴田勝家の将佐久間盛政が不意に中川清秀を攻め、激しい戦いとなったのである。

秀吉は急遽1万5000の兵を賤ヶ岳に戻すことになるが、このとき兵站部が大活躍をする。それまでの戦いにおいても、兵糧弾薬を運ぶための小荷駄隊、すなわち輜重隊は、どの戦国大名の部隊にも見られるが、このときの秀吉軍の兵站部というのは、そうした輜重隊とは少し違っていた。

秀吉が1万5000の主力部隊を大垣から出発させたのは、午後4時頃といわれている。そして、賤ヶ岳の麓の木之本についたのが午後9時頃といわれている。

大垣から木之本まで、北国脇往還を通って、距離にすると52キロである。つまり、このとき秀吉は52キロをわずか5時間で駆け抜けたのである。

このスピードが勝敗を決したといっても言い過ぎではない。

そのとき、佐久間盛政らは秀吉の主力がいかに早く戻ってきたとしても、翌日の午後になるだろうと考えていたのである。

当時、大軍の移動にはそのくらいの時間がかかるのが常識だったからである。

では、秀吉軍の時速10キロという超スピードはどうして可能だったのだろうか。

結論を先にいえば、兵站部が緻密な計算をし、万全の準備を行っていたからということになる。午後4時の出発ということからも明らかなように、途中で日が暮れることは確実である。松明が必要になる。また、途中で食事もとらなければならなくなる。

そこで、兵站部があらかじめ先遣隊として出発し、街道沿いの家々に松明と握り飯の用意をさせている。

これまでの戦いにおいて、部隊の移動がなされるとき、松明や食料はそれぞれ部隊ごとに賄われるのが原則であり、それが常識であった。

ところが、この52キロを5時間で疾走したときの1万5000の軍勢は、自分たちが松明をともす必要はなく、また時間をさいて炊事する必要もなかった。ただひたすら木之本めざして走ればよかったのである。腰兵糧が不要となれば、それだけ身軽になり、その分スピードも増したことが考えられる。

——参考資料「ビジョンメソッド研究所」

このときの松明の用意、握り飯の用意にあたったのが、石田三成だといわれています。

なお、一説には松明や腰兵糧だけではなく、兵たちは槍も持たず、胴丸なども身につけずにそれこそ身ひとつで走ったともいわれています。

その論拠は、このとき長浜城から槍や胴丸などを舟に乗せて木之本まで運ばせたという伝承があるからです。

そうした伝承を裏付ける史料がないため、現時点ではなんとも言えませんが、その可能性は否定できないように思われます。

というのは、すでにこの頃、武具などは自分の持ち物だけでなく「御貸し具足」と呼ばれるシステムが確立していたからです。

大名たちは自分の居城に相当数の槍や胴丸などを保管しておき、いざというときに、それを兵たちに貸し与えて戦わせたことがあったのです。

秀吉にしても、常日頃から兵糧の確保や武具類の確保につとめていたものと思われます。合戦というと、「賤ヶ岳の七本槍」など猛将の働きぶりばかりに目が向けられてしまう傾向がありますが、実戦の場面には出て来ない、しかも合戦の勝利のために不可欠な裏方としての兵站部の役割が、この戦いによってはっきりしたものになり、定着し始めたと言われています。

実は豊臣秀吉の、人たらしに加えた、もう1つの抜きんでた能力というのは、**E群「業務遂行」能力**にあるのです。

◎専門知識・革新技術の習得
◎文章力
◎計数処理力
◎安定運用
◎処理速度
◎コスト意識
◎トラブル処理
◎計画性
◎業務改善／品質の向上
◎業務企画力

E群を象徴するのは、管理能力。石田三成はじめ優秀な部下に任せた部分も含めて、豊臣秀吉という人物は、まさにE群の「業務遂行」が抜きん出た人物だったのです。

家康のキャリアデザインの秘密

最後の一人は、豊臣秀吉に次いで天下を取り、江戸幕府を開いた徳川家康です。テレビの歴史番組の視聴者投票による「あなたが選ぶ! 歴史のヒーロー・トップ10」で、徳川家康が堂々の1位を獲得していたのを見たことがあります。

270年続いた江戸幕府という安定経営とバランス感覚に、財界人やサラリーマンのみなさんが共感を寄せたのかもしれません。

実際、家康ほど自分自身の経験や他人の生き様を、自分の血や肉にしていった武将はいないと思います。家康自身、こんな言葉を残しています。

「人の一生には、3つの重大な変わり目がある。一番目は17、18歳のときで、友人の感化に染まりやすく、自分を見失って悪の道に落ち込むことがある。

第二は30歳代だ。物事に慢心しがちで、老巧者をつい軽視し、暴走する。年配者の豊富な経験を決して無駄にしてはならない。

第三は、40歳になった頃だ。経験にもたれすぎて、過去ばかりを振り返り、将来を目指さず消極的になりがちである。

以上三度の変わり目にあたって、正しい判断のもとに身を処したものが、やがて栄冠を握るだろう」


実は家康に運がめぐってくるのは、50歳を過ぎてからだったというのは意外に知られていません。天下分け目の関ヶ原の合戦で勝利したのは、59歳のとき。江戸幕府を開いたのは、62歳のときなのです。

それまでは本当に苦労していた。戦にも負けていました。城攻めも苦手だった。夫人を殺害したり、長男を自害させたりもしている。

苦労は幼少期から始まっています。6歳で織田家の実質的な人質になり、8歳からは19歳まで、今川家の人質になっています。しかし、織田家の人質時代に信長と親しくなり、後に同盟関係を結ぶことになります。今川家の人質時代には、礼儀作法や領主としてのものの見方や考え、法治国家の骨子を学びます。

実は最も苦労したのは、家臣団だったと家康は語っています。今川と織田の二大国の間にあり、常に先兵を強いられ、しかも薄給でした。

このつらい期間があったからこそ、家臣団の鉄壁の団結が生まれ、家康自身も部下の意見に耳を傾ける習慣がつきました。


15歳の元服後は、今川義元が桶狭間で滅んだ後、混乱に乗じて故郷の岡崎城を奪回。信長と同盟を結び、義兄弟になりました。その後、三河をほぼ制圧します。

姉川の戦いでは、秀吉とともに殿軍をつとめました。一方、2年後の三方ヶ原の戦いで武田信玄に大敗を喫します。しかし5年後、長篠の戦いで信長とともに戦い、勝利します。

この間、信長から合戦後の家臣の評価方法について学んでいます。また、武田信玄に大敗したことで、陣立ての大切さを知りました。そして長篠の戦いでは、鉄砲を中心とした新しい戦のやり方に気づきます。

姉川の戦いで一緒に仕事をした秀吉に関しては、その頭の回転の速さに目をみはり、自らの人脈に加えていきます。

戦のやり方を学んだだけでなく、つらい人質生活で得た粘り強さ、人の話をよく聴く傾聴力、戦での指揮戦闘能力、交渉力などをどんどん発揮していきます。同時に、婚姻関係なども活用しながら、長い時間をかけて人脈を着々と築いていきました。

家康のキャリアを追いかけていくと、**天下を取った後のことも考えながら、着々と布石を打っていった**ことがうかがえます。そして何より、人を使うことがうまかったのです。

家康がずば抜けていた2つのマネジメントコンピテンシー

家康にずば抜けていたのが、マネジメントコンピテンシーの2つ、まずは**D群の「組織・チームワーク」**です。

◎上司・先輩との関係
◎チーム精神の発揮

◎ムードメーカー性
◎マンパワーの結集
◎政治力

そしてもう1つのマネジメントコンピテンシー、**H群の「リーダーシップ」**です。

◎理念・方針の共有
◎経営への参画
◎部下・後輩の育成・指導
◎権限の委譲
◎部下・後輩への配慮
◎コミュニケーションの充実
◎指揮・命令・徹底
◎経営幹部との関係
◎部下・後輩に対する公平さ

◎採用と抜擢
◎目標の管理および評価
◎部下・後輩との対立
◎システム管理力
◎後継者の育成

おそらく家康は、**自らの強みと弱みを、そのときそのときにおいて、深く掘り下げていた**のではないかと思います。そうやって、いつ天下を取るかということを考えていったわけです。

「長い人生をどうやって生きていくか」を強く意識していたということです。だから、50代で運が巡ってきたとき、すぐに行動を起こすことができたのです。

そして、そのために必要なのが**人脈であり、人のマネジメント**でした。秀吉とはまったく違う意味で、人を使うのが、天才的にうまかったのです。

信長、秀吉、家康の3人のリーダー分類をしてみましたので、ぜひ参考にしていただけたらと思います。

戦国の3リーダーの分類

	信長	秀吉	家康
特徴	アントレプレナー	サラリーマンの鑑	思慮深い2代目
長所	・コンセプト力 ・創造力が高い ・新たな価値体系を生み出す天才	・対人関係能力が抜群 ・機を見るに敏 ・手段・方法の天才	・学習能力・組織能力が高い ・環境・価値の固定化 ・伝承の天才
短所	対人関係能力が貧弱	コンセプト力が貧弱	人に好かれない
具体例	宗教弾圧 楽市楽座 無名・若手の登用	太閤検地 刀狩り 築城	外国との交易制限 思想の統制 技術開発の抑止
リーダーに適した時期	創業期	成長期	成熟期

※「歴史街道」（ＰＨＰ研究所）より編集作成

信長と家康の持ち味は、まさに正反対だった

歴史のスターについて、最後に1つだけ書いておきたいと思います。ウマが合い、同盟関係を結び、義兄弟にもなる織田信長と徳川家康ですが、この2人の持ち味というのは、まさに正反対なのです。そして、その結果はどういうものになったか、極めて興味深いものがあります。

変革の時代を生きた**織田信長は、年功序列を捨て、「超」能力主義人事を断行した**人です。

一方、**徳川家康は270年の江戸幕府という超安定の時代を築きました**。

私は、戦国時代に終止符が打たれ、近世が幕を開けるまでには、信長、秀吉、家康という3人のリーダーを必要としたのだと思っています。

3人はそれぞれの歴史的な役割を負っていたのです。**信長は変革、秀吉は発展、家康は安定の基礎づくり**、とでもなるでしょうか。

特に信長は、関所の廃止や楽市楽座、比叡山の焼き討ちや一向宗門徒への大量虐殺

など、時代と社会を急激に変革させるための施策や行動を、冷静な判断と戦略に基づいて次々に打ち出しました。

変革の時代には、戦略や戦術やピンポイントで、しかもそれを遂行、達成できる能力も、自ずから高い水準が求められます。

こういう時代に年功序列でやっていたらどういう結果を生んだかは、議論の余地はないでしょう。考えてみれば、今日の時代がまさにそうなのかもしれません。古い時代に社会に広がっていたさまざまな仕組みや価値観が、音を立てて崩れている時代だからです。

能力主義人事の導入です。信長は、これを実践したのです。

しかし、いかに能力主義人事ばやりとはいえ、家康型のシステムをまったく否定してしまうのは、いかがなものかと思います。

変革も必要ですし、世界標準も必要です。

時代の変化に適応するために、「何を、どの程度取り入れるのがふさわしいか」をしっかりと考えておくことが重要だと私は考えます。

信長の部下から見る「超能力主義」のメリット・デメリット

実際、「超」能力主義の織田軍団に何が起きたか。

信長は、出身階層や経歴に関わりなく、その人の能力だけを評価して、抜擢していきました。そこには、光と陰がありました。

部下となった3人の武将を見ていきましょう。

◎《陽の目を見た男》出世街道まっしぐらの明智光秀

光秀は、齋藤義龍に美濃を逐《お》われ、諸国を流浪したのち越前の朝倉義景に使えていた。たまたま、義景を頼って越前にいた足利義昭・細川藤孝主従と昵懇《じっこん》になり、義昭を信長に引き合わせる橋渡しをつとめ、その功によって信長に仕えることになり、短時日のうちに柴田勝家ら宿老と肩を並べ、さらにはそれを追い越している。

光秀が、1571年の比叡山延暦寺焼き討ち後、その功によって近江坂本城主となり、志賀郡を与えられたのは、信長家臣の中でいわゆる「一国一城の主」になった第1号であった。第2号が羽柴秀吉で、これら〝中途入社組〟が生え抜きの柴田勝家、丹羽長秀らを追い抜いているのである。

光秀は、将軍義昭とのつながり、さらには将軍を通じた対朝廷工作などにおいても、持てる力を発揮した。つまり、単に軍事面で能力を発揮させたのではなく、他の武将たちにはない特技が身を助けることになったことがわかる。

◎《変化についていけた人》生き残りを図った柴田勝家

1580年の春に石山本願寺との戦いが終わり、信長の天下統一は七合目まで達した。その夏に役員クラスの大リストラが行なわれている。このリストラは、天下統一の仕上げと、その後に必要になってくる絶対王政的な組織の構築、さらには海外雄飛という新たな目標に向かう第一歩だった。

次なる目標に対応できず、従来の成功体験を捨てようとしない重臣クラスを切り捨てたのである。企業社会でいえば、役員クラスの世代交代を計ったわけだ。これは、より機能的な組織に再構築するためのリストラだった。

これに早くから気づいていたのが、柴田勝家だった。美濃を攻略して稲葉山城に入った信長が地名を岐阜と改称し、「天下布武」のコンセプトを打ち出した時代から、気づきは始まっていた。

「天下布武」が意味する人事面の変革は、出自、門閥、譜代・新参の別を問わず、能力があると見込んだ者を取り立てて仕事を任せるという、文字どおりの能力主義を採用することだった。極言すれば、これは誰もが「ハンディゼロからのスタートを切る」ということである。

信長はそれを着実に推し進め、羽柴秀吉、明智光秀、滝川一益などの新参者も、丹羽長秀などの譜代の臣も、とにかく成果を上げた者が陽の当たる舞台に出て、地位を高めるように取りはからった。

一方、成果を上げない者は新参であろうと譜代であろうと、重要な仕事から外され、出世させなかった。

柴田勝家は譜代の重臣の家柄であり、信長の尾張統一、美濃攻略に貢献したが、そのいずれもが「天下布武」という目標を掲げた信長にとっては意味がないことを悟る。

いつまでも名門意識にしがみついていると、いずれ自分が排除されてしまう。

そこで柴田は頭を切り換え、自分の特性に特化して「鬼の突撃隊長」となり、秀吉や光秀に負けないよう懸命に働いた。そのおかげで、織田家が大きくなるのに比して柴田自身も成長した。自分で自分の能力を切り拓いたのである。

史実では、秀吉に敗れたために低く見られがちだが、柴田は戦国武将として一流であり、極めて勇敢だった。だから、北陸方面軍の司令官の地位を得ることができた。

柴田は「自分の強み、特徴に特化して研鑽し、仕事に向かう」「短所を改善するよりも長所を伸ばすところに力を注ぐ」ことで生き残りを図ったのである。

◎《変化についていけなかった人》プライドにしがみついた林通勝

林通勝は、「ハンディゼロからのスタート」を理解せず、与えられた筆頭家老の地位は変わらないと思っていた。尾張の織田商店から日本一の大企業・織田カンパニーに成長・発展しようとしているのに、林はあくまで織田商店の番頭さんの意識でいた。

事実、岐阜時代から林には、だんだんと重要な仕事が与えられなくなった。例えば、信長が足利義昭を連れて上洛したとき京都奉行を置いたが、その中に林の名前はない。

言ってみれば、窓際重役にされたのである。

それでも林は、「ハンディゼロからのスタート」が求められていることに最後まで気づかなかった。そして、尾張時代の筆頭家老というプライド、特権にしがみついていた。結果的に、林は追放されてしまう。

信長の第二のリストラは、過酷なものだった。長年、勤めてきた林を冷たく追い出すのではなく、生涯食えるだけのものと名誉を与え、引退させてやる道もあった。尾張に帰して、今風にいえば、織田家記念館の館長にしてやるという処遇である。

ところが、信長は林たちを追放処分にした。そのために、他の家臣たちが「明日はわが身」と思ったことは想像に難くない。

人間、いつまでも成功し続けるとは限らず、能力が尽きないとも限らない。「自分は林の二の舞を踏まないほうに頑張ろう」と発奮したとしても、自分の能力に限界がきたとき、失敗が続いたとき、林のように無残に追い出されるのかと思えば、心の動揺、一抹の不安を抑えることなどできるかどうか。

その「不安」が、本能寺の変の一因となったのではないか。つまり、明智光秀が謀叛を起こした背景の1つに、「リストラへの先制攻撃」という要素があったように思う。この点は、能力主義を採用してリストラを進めるリーダーにとって、1つの重い教訓を含んでいる。

信長型組織と家康型組織

一方、信長亡き後の秀吉の発展系を受けた家康は何をしたのか。

文字どおり、**信長とまったく対照的な組織運営をしていく**のです。

どちらが正しいということでは今の時代はないでしょう。

しかし、どちらか一方に振りすぎるのは危険。

重要なことは、その組織に合ったバランスなのです。

では今、組織はどのような状態にあるのか、家康型に寄っているのか、信長型に寄っているのか、現状をチェックできる表をつくってみました。

現状を把握するための、ヒントにしていただけたらと思います。

あなたの組織（チーム）はどっちのタイプ？

「信長型組織」と「家康型組織」の対照表

	「信長型」能力主義組織	「家康型」年功序列組織
機動性・機敏さ	○	×
安定性・信頼性	×	○
合理性	○	×
忠誠心・愛着	×	○
攻撃	○	×
守備	×	○
短期決戦	○	×
長期持久戦	×	○
組織内の風通し	○	×
結束力・団結力	×	○
変化への対応	○	×
強力なリーダーシップ	○	×
合議制	×	○
人材抜擢	○	×
内部不信・軋轢の回避	×	○
信賞必罰	○	×
評価の透明度	○	×
人材育成	×	○

あなたの組織（チーム）はどっちのタイプ？

人事制度の現状チェック表

「家康型」年功主義、日本企業		「信長型」能力主義、外資系企業
・年功主義。 ・一部成果主義は見られるものの40代後半～50代半ばがピーク。	**給与** 1 2 3 4 5	・成果主義。 ・若くても高収入が見込める。 ・能力がないと大幅ダウンもあり。
・積み上げ方式。 ・家族手当、扶養手当など、きめ細かく数が多い。	**手当** 1 2 3 4 5	・基本給中心方式。 ・資格手当などには重きを置く。 ・数が少ない。
・年功主義。 ・基本給にリンクしている。	**賞与** 1 2 3 4 5	・成果主義。 ・出来高払い制が多い。
・手厚く支給。 ・当然の権利。 ・退職時基本給 × 勤続年数方式。	**退職金** 1 2 3 4 5	・基本給に含まれる。 ・ない場合が多い。
・長時間残業あり。 ・サービス残業も多い。	**残業** 1 2 3 4 5	・長時間残業あり。 ・残業が多いと能力不足の評価も。
・年功型。 ・周囲を見回すとやはり年長者。	**昇進** 1 2 3 4 5	・実力型。 ・性別、年齢は問わない。 ・能力次第。
・手厚く完備。 ・社宅、寮、保養所など。	**福利厚生** 1 2 3 4 5	・基本給に含まれる。 ・全く力を入れていない。
	1 2 3 4 5	
	1 2 3 4 5	
・長期雇用が前提。 ・会社に対するロイヤリティが高まるように設計されている。	**前提条件** 1 2 3 4 5	・短期の成果が前提。 ・成果は即報酬につながる。 ・会社へのロイヤリティは求めない。

《チェックの目安》

1：まさに「家康型」年功主義　4：どちらかといえば、能力主義
2：どちらかといえば、年功主義　5：まさに「信長型」能力主義
3：どちらともいえない

第3章

この診断ツールで、個人も会社も変わる

——個人と組織の累計コンピテンシー診断

自分自身の「現在地」を知ることができる診断

コンピテンシーについてさまざまな角度から語ってきましたが、これをどんなふうに活かしていくか、いろんな可能性について、すでにご想像いただけた方も少なくないかもしれません。

端的にいえば、**「できる人の行動特性」がわかるということは、自分、あるいは自分たちの組織ができていることや、できていないことも見えてくる、**ということです。

あるいは、**自分はコンピテンシーにおいて、どんな傾向があるのか？**

先に歴史の三大スターをご紹介しましたが、さて**自分はどこに強みがあるのか？**

それらを見分ける上でのヒントにもできます。

これは組織も同様で、組織がどのような状態にあるか。何が足りていて、何が足りていないのか。それが見えてくるのです。

「こうしてみたい」「こうしよう」など、夢や目標を持つことは大変重要なことですが、それと同じくらい重要なのが、**自分自身の「現在地」を知る**ことです。現在地がわからなければ、どこへ行こうかという目標も定まらないからです。

そこでご活用いただきたいと考えて作ったのが、自分が、あるいは組織がどのような状態にあるのか、チェックできる**コンピテンシー診断**です。

この診断では、自分の現在地、すなわち強み弱みをたやすく知ることが可能です。まず、自分自身を知ることが、能力向上の第一歩です。

そして、個々人の能力を合わせたものが「組織、チーム」ですから、**組織・チームの強み弱みも知る**ことができます。

意外と気づいていなかったことを体系化

これまでたくさんの企業がコンピテンシー診断を取り入れましたが、1つ印象としてあるのは、自分が、あるいは自分たちの組織にどんなコンピテンシーがあるのか、気づいていないケースが意外に多い、ということです。

自分ではなんとなくわかっている、あるいは上司に同じようなことを言われたりしているけれど、コンピテンシーという体系で改めて目の前に出されると、**それまで上司や同僚に言われていたことがつながってくる**という声をよく耳にします。

「ああ、なるほど上司はこのことを言っていたんだ」

「あのときに起こったことはこういうことなんだ」

といったことがいろんな意味でつながってくるのが、この**コンピテンシー診断の意義**だと思っています。

おぼろげに思っていたことが、体系化して示されるのです。

もともとこの診断は、人事政策研究所独自の行動分析の成果と、心理アドバイザーの専門的研究（数千名にも及ぶモニタリング）を基に、2000年に完成させました。以来、**15年間で700企業、推定7万名**の方々にご活用いただいています。

2016年、15年ぶりに大きく手を入れ、さらに使い勝手を向上させたものにしました。実際には30の問いかけに答えてもらう仕組みですが、本書では**24の問いかけで傾向値を記入してもらう簡易版**を作ってみました。

コアコンピテンシーの持ち味がわかる

「コアコンピテンシー診断」（簡易版）

Left											Right
	思考／論理志向					行動／人情志向					
1ゾーン	論理的に考える	④	③	②	①	①	②	③	④	活動的	1ゾーン
	理にかなった	④	③	②	①	①	②	③	④	情にもろい	
	理屈っぽい	④	③	②	①	①	②	③	④	よく考えない	
	ドライ・非情	④	③	②	①	①	②	③	④	道理に合わせる	
	競争／独立志向					協調／チーム志向					
2ゾーン	先頭で引っ張る	④	③	②	①	①	②	③	④	周囲に気を配る	2ゾーン
	支配的	④	③	②	①	①	②	③	④	誰とでもうまくやる	
	負けず嫌い	④	③	②	①	①	②	③	④	日和見主義	
	自分勝手	④	③	②	①	①	②	③	④	自分の意思がない	
	肉食／ハンター志向					草食／ファーマー志向					
3ゾーン	自ら取りに行く	④	③	②	①	①	②	③	④	着々と積み上げる	3ゾーン
	失敗を恐れない	④	③	②	①	①	②	③	④	環境のせいにする	
	一匹狼	④	③	②	①	①	②	③	④	前に出ていかない	
	結果至上主義	④	③	②	①	①	②	③	④	プロセス重視	

主としてA群、B群を中心に、コアコンピテンシーの持ち味がわかるものになっています。

コンピテンシー診断（簡易版）のやり方

では、さっそくチェックしてみましょう。

図の**1～3ゾーンにおいて、左（Left）と右（Right）のどちらが自分自身に近いでしょうか。**

④は「まさにその通り」、③は「どちらかといえばそう」、②は「どちらかといえば違う」、①は「まったく当てはまらない」。

Left、Rightの両方で、①②③④を黒塗りするか、チェックしていきます。

あまり考え込まずに、直感で黒塗りかチェックをしていくのが、ポイントです。

「こんなふうに見えたらいいな」ではなく、「きっと今の自分はこうだな」という正直なところで取り組んでみてください。

「コンピテンシー診断」（簡易版）のチェック方法

論理的に考える	④	**③**	②	①	①	**②**	③	④	活動的
理にかなった	**④**	③	②	①	**①**	②	③	④	情にもろい
理屈っぽい	④	**③**	②	①	**①**	②	③	④	よく考えない
ドライ・非情	④	**③**	②	①	①	**②**	③	④	道理に合わせる

Left 合計13点　　Right 合計6点

※黒塗りがチェック部分

チェックの方法

【1】それぞれの項目に対して4段階でチェックする。

④「まさにその通り」

③「どちらかといえばそう」

②「どちらかといえば違う」

①「まったく当てはまらない」

【2】ゾーンごとに左（Left）と右（Right）それぞれの数字を足して点数を出す。

【3】1〜3ゾーンそれぞれにおいて、左（Left）と右（Right）どちらが自分自身に近い（点数が高い）かをチェック。

8つのタイプ、あなたはどれか？

すべての黒塗りかチェックが終わったら、**Left、Rightそれぞれの合計点数を計算**します。

例でいえば、Leftの合計は13点、Rightの合計は6点です。この場合は、1ゾーンは「Left」という判定になります。

同じように2ゾーン、3ゾーンについても、①②③④を黒塗りかチェックしていきます。そうすることで、2ゾーン、3ゾーンがLeftなのか、Rightなのか、が判定できます。

1ゾーンは「L」eftなのか、「R」ightなのか、2ゾーンは「L」eftなのか、「R」ightなのか、3ゾーンは「L」eftなのか、「R」ightなのか。

それぞれの頭文字をとらえると、8つのタイプが現れることになります。

1ゾーン、2ゾーン、3ゾーンが

◎「LLL」タイプ
◎「LLR」タイプ
◎「LRL」タイプ
◎「LRR」タイプ

本人の行動特性の多様性を8つのタイプに「見える化」

「個人の3軸モデル」

1	2	3	8つのタイプ
L	L	L	**インテリタフネスタイプ** 知的で言っていることも理に適っています。一見スマートに見えますが、青白く燃えている人です。ここ一番で本当に頼りになる人です。
L	L	R	**基礎研究者タイプ** 皆が投げ出してしまう息の長いテーマをコツコツとやり上げます。純粋な学究肌の人です。自分なりの理論体系を持ち、その分野に関してのご意見番です。
L	R	L	**隠れ参謀タイプ** リーダー役の知恵袋になれる人です。協調もできますし、単独でも動けます。自らが表に立ってリードする役回りよりもナンバーツーで持ち味を発揮します。
L	R	R	**コツコツ実務家タイプ** どんなときでも着実に仕事をこなします。トラブル時も、悲観的にならず冷静に対応します。また後輩や周囲を大事にし、チームの和を大切にします。
R	L	L	**イケイケ隊長タイプ** チャレンジ精神旺盛で一番乗りで仕上げます。失敗を恐れず、前例のないことでも突進していけます。精神的にとてもタフな人です。
R	L	R	**こだわり職人タイプ** 自分なりのブレない軸を持っている人です。仕事のやり方等で周囲とぶつかることも恐れません。仕事に対する責任感が抜群です。
R	R	L	**一発勝負士タイプ** 意外性のあるタイプです。いつもは活動的でワイワイガヤガヤやっています。スイッチが入ったときの集中的な仕事ぶりが見事です。
R	R	R	**縁の下の力持ちタイプ** 情にもろくまずはチームを優先するタイプです。他人からよく相談される人でもあります。額に汗して皆のために働きます。

◎「RLL」タイプ
◎「RLR」タイプ
◎「RRL」タイプ
◎「RRR」タイプ

の8タイプに分かれることになります。

これが、個人のモデルです。こうして本人の行動特性の多様性を「見える化」したのが、前ページの図です。

1ゾーン、2ゾーン、3ゾーンは、それぞれ

「思考／論理」or「行動／人情」
「競争／独立」or「協調／親和」
「肉食／ハンター」or「草食／ファーマー」

という傾向値を計るものでした。

8つのタイプはそれぞれ以下にネーミングしています。

◎インテリタフネスタイプ
◎基礎研究者タイプ
◎隠れ参謀タイプ
◎コツコツ実務家タイプ
◎イケイケ隊長タイプ
◎こだわり職人タイプ
◎一発勝負士タイプ
◎縁の下の力持ちタイプ

日本人に多い2つのタイプ

それぞれを詳しく見ていきましょう。

1つ申し上げておくと、以下の**8タイプはあくまで傾向値**だということです。

例えば、「インテリタフネスタイプ」と「基礎研究者タイプ」とは、3ゾーン目の「肉食／ハンター」か「草食／ファーマー」か、だけが違います。

「肉食／ハンター」は、ストレス耐性が強くてギャンブルをしますが、目標達成への執着は強い。一方の「草食／ファーマー」は、誠実でコツコツ徹底して決めたことをやっていくという特徴があります。

もちろん、人はどちらかすべてに寄っているわけではありませんが、どちらかには偏っています。その傾向を見ていくことができます。

◎インテリタフネスタイプ……「思考／論理」「競争／独立」「肉食／ハンター」

知的で言っていることも理に適っています。一見スマートに見えますが、青白く燃えている人です。ここ一番で本当に頼りになる人です。

インテリジェンスがあり、メンタルも強い、というイメージです。営業力に優れた起業家が象徴的でしょうか。また、優秀なコンサルタントもこのタイプに入ってくると思います。

◎基礎研究者タイプ……「思考／論理」「競争／独立」「草食／ファーマー」

皆が投げ出してしまう息の長いテーマをコツコツとやり遂げます。純粋な学究肌の人です。自分なりの理論体系を持ち、その分野に対してのご意見番です。ちょっと地味なイメージがあるかもしれませんが、息の長い仕事をコツコツと深く極めていくようなイメージです。

◎隠れ参謀タイプ……「思考／論理」「協調／親和」「肉食／ハンター」

リーダー役の知恵袋になれる人です。協調もできますし、単独でも動けます。自らが表に立ってリードする役回りよりもナンバーツーで持ち味を発揮します。副社長のポジションに就く人がイメージです。ただ、あまり数は多くありません。10人いれば1人出てくるかどうか、というタイプです。

◎コツコツ実務家タイプ……「思考／論理」「協調／親和」「草食／ファーマー」

どんなときでも着実に仕事をこなします。トラブル時も、悲観的にならず冷静に対応します。また後輩や周囲の人を大事にし、チームの輪を大切にします。

事務系の仕事やアシスタント、またコールセンターなどお客さま対応の仕事のイメージです。数としては、とても多いタイプです。

◎イケイケ隊長タイプ……「行動／人情」「競争／独立」「肉食／ハンター」

チャレンジ精神旺盛で一番乗りで仕上げます。失敗を恐れず、前例のないことでも突進していけます。精神的にとてもタフな人です。

チームに1人は欲しいムードメーカーのイメージです。明るい性格で社内に向けても社外に向けても積極的に行動を起こせる人です。

◎こだわり職人タイプ……「思考／論理」「競争／独立」「草食／ファーマー」

自分なりのブレない軸を持っている人です。仕事のやり方等で周囲とぶつかることも恐れません。仕事に対する責任感が抜群です。

仕事に対しての意欲が極めて高く、自分ならではの仕事にじっくりと向き合っていくイメージです。数としては多くないタイプです。

◎一発勝負士タイプ……「行動／人情」「協調／親和」「肉食／ハンター」

意外性のあるタイプです。いつもは活動的でワイワイガヤガヤやっています。スイッチが入ったときの集中的な仕事ぶりが見事です。

組織の中で、ちょっと変わっているな、ユニークだな、と思える人のイメージです。

実は意外に多くいるタイプです。

◎縁の下の力持ちタイプ……「行動／人情」「協調／親和」「草食／ファーマー」

情にもろく、まずはチームを優先するタイプです。他人からよく相談される人でもあります。額に汗して皆のために働きます。

意外に思われるかもしれませんが、ベンチャー企業の多くの社員がこのタイプです。

起業家のもとで支える人材は実はたくさんいます。


実際に診断をしてみると、最も人数が多いのは「コツコツ実務家タイプ」と「縁の下の力持ち」タイプです。

一方で、例えば経営企画などのセクションになると、組織は本当にいろんなタイプの人たちからできていることがわかったりします。

優秀な営業職は、意外と「縁の下の力持ち」タイプが多いのです。

ちなみに、先の歴史の三大スターは、どんな結果になるのか、シミュレーションしてみると、次のようになります。

◎織田信長……思考／論理　競争／独立　肉食／ハンター　インテリタフネスタイプ
◎豊臣秀吉……行動／人情　協調／親和　肉食／ハンター　一発勝負士タイプ
◎徳川家康……行動／人情　協調／親和　草食／ファーマー　縁の下の力持ちタイプ

個人診断の足し算から見えてくる組織の8タイプ

個人のコンピテンシー診断は、そのまま組織の診断にも使うことができます。

考え方はシンプルです。例えば4人の部署だったとすれば、一人ひとりのコンピテンシー診断で出てくる各ゾーンの数値を足し算していけばいいのです。

そうすると、組織でもやはり8つの組織タイプに分けられることになります。これを次のようなネーミングをしています。

◎ガリ勉系　コンサル業界型組織
◎ガリ勉系　MR型組織
◎草食系　都市銀行型組織
◎草食系　システム開発業界型組織
◎野獣系　人材業界型組織
◎体育会系　総合商社型組織
◎芸能系　広告マスコミ業界型組織
◎体育会系　流通業界型組織

それぞれの特徴を1つずつ見ていきましょう。

◎ガリ勉系　コンサル業界型組織……「思考／論理」「競争／独立」「肉食／ハンター」

常に企画や戦略を考え、経営者に指導する役割というイメージがありますが、業務内容は「仮説の検証」→「データ収集・データ分析」→「仮説の検証」。この繰り返しと言えます。

組織内はいっぱしの人（一流コンサルタント）と半人前アシスタントとの混成集団で、1つの仕事を動かします。超ハードワークを常に要求される組織です。

◎ガリ勉系　MR型組織……「思考／論理」「競争／独立」「草食／ファーマー」

かなり高度な業界知識が必要となるため、常に勉強に励む必要があります。実際の営業相手は、医師や薬剤師です。彼らの無茶・無理にも日々付き合わなくてはなりません。

口八丁手八丁は必要ありませんが、誠実に積み上げていくような人間関係を作り上げていく必要があります。組織で成果を上げていくというよりも、誠実な個人の集積組織です。

◎草食系　都市銀行型組織……「思考／論理」「協調／親和」「肉食／ハンター」

個人判断ができそうに見えますが、審査や融資等細かなルールが決められており、その手順に従って、複雑な書類を作り、各部署に確認依頼するという日常です。取得するべき資格も多く、若い頃には徹底的に先輩から鍛え上げられます。この組織的な収斂《しゅうれん》が実を結び、数字に強く、経営者と話すことにも慣れている理想的な人材が輩出されます。

◎草食系　システム開発業界型組織……「思考／論理」「協調／親和」「草食／ファーマー」

顧客企業と自社との間に入り、調整確認業務が多い組織です。地道な協力作業と書類作成業務が積み重なり、まさに「縁の下の力持ち」に徹する仕事です。多少、対人折衝力が苦手な人でもエントリー段階では大丈夫です。

将来のキャリアが多彩な点も魅力で、プログラマー、SE、プロジェクトマネージャー、コンサルタント等、自分の特性に合ったキャリア形成が可能です。

◎野獣系　人材業界型組織……「行動／人情」「競争／独立」「肉食／ハンター」

顧客のニーズを先取りし、次々に新しいことを考えて、何度でも顧客に提案します。顧客訪問では、とにかく行動量が重視され、夜討ち朝駆けなど、足繁く顧客に通います。

また企画立案では、少々粗くともスピード重視です。ノリやタイミングが重んじられ、同時に超ハードワークを常に要求される組織でもあります。

◎体育会系　総合商社型組織……「思考／論理」「競争／独立」「草食／ファーマー」

最初は先輩の背中を見ながら雑巾がけの毎日で、少しずつ階段を上り、10年以上かけて、やっと一人前になります。先輩からは厳しく鍛え上げられますが、着実に成長を実感できる組織です。

体を動かしての行動力をベースに、「何とかする力」と「束ねてくっつける力」を獲得して、大きなプロジェクトをリードできる個人、組織となります。

◎芸能系　広告マスコミ業界型組織……「行動／人情」「協調／親和」「肉食／ハンタ

」

一見華やかに見えますが、実は地味で泥臭い仕事です。特にクライアントからのクレームや無理な要望は日常茶飯事です。さまざまな利害関係者との調整力が問われます。

組織内は、個性ある人たちであふれているため、常に刺激的です。組織の成果は、どちらかといえば、個々人の才能に寄与しているため、ノウハウやコツの共有化は遅れがちです。

◎体育会系　流通業界型組織……「行動／人情」「協調／親和」「草食／ファーマー」

考えるよりも行動を重んじ、上司や先輩の言うことに素直に従う組織風土です。全員が共感できるビジョンや理念が存在する場合、爆発的に飛躍できる可能性があります。

マニュアルやガイドラインが充実しており、誰でも上手に仕事ができる仕組みが整っています。昇進・昇格のスピードも速く、逆にいえば、組織内のスタッフ定着率が課題です。

自分の持ち味を違う表現で「言語化」「見える化」する効用

実際に簡易診断をしていただき、どんな印象を持たれたでしょうか？

おそらく「なんとなく自分自身が感じていたこと」、あるいは「家族・友人や上司にいつも言われていること」、つまり、自分自身にとってみると、ごくごく当たり前のことだったかもしれません。

しかし、**重要なのは、自分自身の持ち味を「コンピテンシー（仕事ができる人の行動特性）」という枠組みで言語化し、「言葉にした」こと**です。

私は先にも書いたように歴史や古典が大好きで、よく古い本を読み漁ります。

「40にして惑わず、50にして天命を知る」

とは論語の有名な言葉ですが、この言葉の意味は、現代に生きるビジネスパーソンにすれば、ごくごく当たり前のことで、誰でもわかっていることでしょう。

しかし、このテーマについて、普段から思い悩んでいる人にとってみれば、「こういう表現方法があるのか」「こんなアプローチをしてみようかな」と**自己の壁を打ち破るヒントになる**かもしれません。

診断は、一見当たり前のことを言われているようですが、自己の能力開発に対して、漠然とした不安を感じている若手社員、あるいは部下の指導育成に苦手意識を持っているリーダーたちにとっては、大きな意味を持つと考えています。

自分自身や部下の行動特性を、コンピテンシーという枠組みを通じて理解することで、次なるアクションを生むことができるからです。

「こう見えるのか」

「だからうまくいっているのか」

「これではうまくいかないはずだな」

など、なんとなくもやもやしていたことが、**違う表現や言葉に出会うことによって、はっきりとした気づきに変わることが大切**なのです。

だからこそ、これが、本人やリーダー、経営者の背中を押してくれる効果があると私は考えています。

それが、診断の本質的な意義です。

今回の簡易版では、「本人の持ち味」を診断しましたが、人事政策研究所が開発した**「マイコンピテンシー」**では、**「本人の持ち味」「本人の専門性」「本人のリーダーシップ発揮度」「本人のコンピテンシーバランス」の4種のアウトプットが可能**になっています。

8群75項目のコンピテンシーについて、それぞれの傾向値もレーダーチャートで出てきます。自分に足りないコンピテンシー、もっと伸ばしたいコンピテンシーなどを、把握することができます。

組織変革のツールとして活用——さらなるコンピテンシー診断活用法①

もちろん簡易版の診断でも、大きなヒントを提供できると考えています。

例えば、**組織変革のツール**にする。それにはこんな事例があります。

ある自動車販売会社では、1つの大きな課題を抱えていました。

若者のクルマ離れ、商圏人口の減少など、どの環境要因を取り上げても、10年先、20年先にクルマだけを売っていたら、商売はジリ貧になりかねないと気づいていたのです。

そこで彼らの選択した道は、クルマ以外の商品・サービスをお客さまに提案し、喜んでいただくという道でした。

それは、時計修理、生命保険販売等の新規事業でした。

しかし、新規事業に求められる組織と、従来の自動車販売に求められる組織は違うのではないかと考えたのです。

まずは全社員にコンピテンシー診断を実施し、その結果を足し算にしました。先にご紹介した組織診断です。

そうすると、現在のこの会社は、典型的な
「体育会系　流通業界型組織」（「行動／人情」「協調／親和」「草食／ファーマー」）

であることがわかったのです。

決められたことを、決められたとおりに実践するという組織文化が作られていたのでした。実際、小売業には多いパターンです。

では、**新規事業を軌道に乗せるためには、どんなタイプの組織にしたら成功するのか**。幹部で徹底的に議論しました。

その結果、彼らが選んだのが、

「草食系　都市銀行型組織」（「思考／論理」「協調／親和」「肉食／ハンター」）

でした。

そして、「体育会系　流通業界型組織」から「草食系　都市銀行型組織」へと組織を変えていくために、さまざまな取り組みを進めることにしました。

例えば、ロジカルシンキング研修を行なう。「行動／人情」から「思考／論理」への切り替えです。きちんと意図を持った研修ができるわけです。

時代が求める会社になるために、どんな組織になるべきか。「現在の組織」から「なりたい組織」へ。そのアクションを起こすことに成功したのです。

上司・部下の傾向値理解に活用
――さらなるコンピテンシー診断活用法②

また、個人のコンピテンシー診断を、**上司が部下の、あるいは部下が上司の傾向値理解として使う**というケースもあります。

部下に診断をしてもらい、そのタイプを配属の参考にしたり、マネジメントの参考にする。実際、それを具体化した研修も実施しています。

近年は、マネジメントのあり方も、従来とは大きく変わってきている印象があります。私が若かった頃は、とにかく強いリーダーが組織を引っ張っていくリーダーシップこそが重要視されていました。

リーダーが正解を知っていて、リーダーのもとに組織が一致団結して、正解に向かっていく、というスタイルです。

ところが、今やリーダーでも正解はわからないのです。

もちろん**組織マネジメントにおいては、リーダーも重要ですが、実はまわりの人も**

大事なのです。いわゆる、フォロワーです。

リーダーシップのみならず、フォロワーシップも考えて、チーム力を作っていかなければいけない。そんな時代になってきているのです。

実際、最近では、リーダーシップ研修ではなく、フォロワーシップ研修をやってほしいという声も数多く聞こえてきています。

これには、はっきりした理由があります。

リーダーシップ研修だと、

「私はリーダーじゃないので」

と言われてしまうことが増えてきているのだというのです。これでは、せっかくの研修も成果が出ません。

しかし、フォロワー研修となれば、話は別です。それこそ、社長を除けば、全員が組織のフォロワーなのです。

例えば、フォロワーとして、上司であるリーダーにどう接するのがいいのか。

ここでヒントになるのが、コンピテンシー診断による個人のタイプなのです。

こういうタイプの人には、こんなふうに接すればいいということがわかっていれば、フォロワーも心地いいし、リーダーも心地いいというわけです。

それこそ「思考／論理」の上司に、「行動／人情」でぶつかっていっても、うまくいかないことはご想像いただけるでしょう。

これは逆もしかりで、上司が部下をマネジメントするとき、「行動／人情」の部下に、「思考／論理」で数字ばかりぶつけても、ピンとこない。うまくいかないのです。プロセスを重視する「基礎研究者タイプ」に、「とにかく結果を出せ」と結果ばかり求めたら、うまくいきません。こうすれば成果が上がるぞというようなマネジメントをしても、あまり響かないのです。

また、配属を決めるとき、チームの人選をバランス良く整えるときにも、タイプの理解は生きてきます。

人間というのはおもしろいものです。私は自分の母親から、こう言われて育ちました。

「自分がされてうれしいことは、相手にもしなさい。自分がされて嫌だと思うことは、相手にもしてはいけません」

これは同じタイプだったら、そのとおりだったのではないかと思います。しかし、**タイプが違っていたら、もしかすると真逆のことをしたほうがいい**のかもしれないのです。

だから、**お互いにテストをすると、それぞれのタイプを知っていることの意義**が出てきます。タイプを理解していないと、「されてうれしいこと」「されて嫌なこと」もわからないからです。

8つの個人タイプ、どう接するのがいいのか

では、個人の8つのタイプ別に、それぞれ、どんな対応をしていくことが望ましいのかを、挙げてみることにしましょう。表にまとめましたので、ご覧ください。

この人には、このように対応すると効果的！

8つの個人タイプ別の対応法

インテリタフネスタイプ：「思考／論理」「競争／独立」「肉食／ハンター」

具体的な質問をする。論理的に簡潔に話す。事前準備をして無駄な話をしない。
相手の目標を尊重する。複数の提案をして相手に決定させる。権限委譲する。
スピーディーに仕事をサポートしてあげる。チャンスや成功の可能性を強調する。

基礎研究者タイプ：「思考／論理」「競争／独立」「草食／ファーマー」

具体的な質問をする。論理的に簡潔に話す。事前準備をして無駄な話をしない。
相手のやり方・方法を尊重する。事実はデータ収集に協力する。
じっくり考える時間を与える。急かさない。保証や確証を与える。

隠れ参謀タイプ：「思考／論理」「協調／親和」「肉食／ハンター」

具体的な質問をする。論理的に簡潔に話す。
進んで協力する。いつも気に掛けてあげる。適時、相談に乗る。
スピーディーに仕事をサポートしてあげる。チャンスや成功の可能性を強調する。

コツコツ実務家タイプ：「思考／論理」か「協調／親和」「草食／ファーマー」

具体的な質問をする。論理的に簡潔に話す
発言を控え、じっくり話を聴く。詳しく丁寧に説明する。適時、相談に乗る。
じっくり考える時間を与える。急かさない。リスクや不安を解消する。

イケイケ隊長タイプ：「行動／人情」「競争／独立」「肉食／ハンター」

個人的なことに関心を示す。相手の感情に同調する。相手に大いに語ってもらう。
相手の目標を尊重する。権限委譲する。
スピーディーに仕事をサポートしてあげる。チャンスや成功の可能性を強調する。

こだわり職人タイプ：「思考／論理」「競争／独立」「草食／ファーマー」

個人的なことに関心を示す。相手の感情に同調する。相手に大いに語ってもらう。
相手のやり方・方法を尊重する。事実やデータ収集に協力する。
じっくり考える時間を与える。急かさない。保証や確証を与える。

一発勝負士タイプ：「行動／人情」「協調／親和」「肉食／ハンター」

個人的なことに関心を示す。とにかくおもしろく楽しく進める。相手に大いに語ってもらう。
発言を控え、じっくり話を聞く。一緒に苦楽を共にする。
スピーディーに仕事をサポートしてあげる。チャンスや成功の可能性を強調する。

縁の下の力持ちタイプ：「行動／人情」「協調／親和」「草食／ファーマー」

個人的なことに関心を示す。相手の感情に同調する。
発言を控え、じっくり話を聞く。詳しく丁寧に説明する。一緒に苦楽を共にする。
じっくり考える時間を与える。急かさない。リスクや不安を解消する。

組織は上から変えられない。だから、下から変えていく
——「コンピテンシー導入で会社変革」成功事例①

ここまで、コンピテンシーやコンピテンシー診断について語ってきました。

私のパートでは最後に、8群75項目のコンピテンシーを、会社変革にどう結びつけていくか、実際の実例と、そのやり方についてご紹介していくことにしましょう。コンピテンシーを使った会社変革です。

1つ目の実例は、第1章でもご紹介した自動車販売会社のショールームレディについてのストーリーです。

できるショールームレディのコンピテンシーを選び出し、そこから具体的な行動を書き出し、ベストなものを選んで「行動基準集」を作成して全員が行動に移すようにしたことで、わずか1カ月で売り上げが前年の2倍になりました。

しかし、このストーリーには実は続きがあります。コンピテンシーの導入研修をし

たのは、11月。売り上げが大幅に上がったのは、12月。ところが、年が明けると、また元の状態に戻ってしまったのです。

コンピテンシーについて徹底的に議論することで、ショールームレディの「行動」に対する意識は大きく高まりました。これが、結果を生み出しました。

しかし、**レベルアップした行動が持続しなければ、結果を出し続けることはできません**。「行動基準集」を作成して2カ月もすると、気持ちに緩みが出てしまったのです。

そこで、**もう一度「気づき」を与えるために行なったのが、360度アンケート**でした。ショールームレディが自分たちで作った行動基準に基づいてきちんと行動できているかどうかを、同じ営業拠点に勤務する全員（上司・同僚・部下・後輩）にチェックしてもらったのです。加えて、一部のお客さまにもアンケートを実施しました。

高い評価を期待していたショールームレディたちにとって、調査結果はかなりショッキングなものでした。評価は思った以上に低かったのです。

しかし、彼女たちは**そのショックをバネにして、自主的に改善に取り組む行動**を取りました。仕事が終わってから、自発的に、みんなで集まって、具体的な改善目標を作っていきました。

トップもその取り組みを支援します。「改善活動には費用もかかるから」と予算をつけてくれたのです。やがて、トイレに花が飾られるようになったり、びっくりするくらいきれいになったりし始めました。

商談テーブルの上に置かれているドリンクメニューは、店舗同士でショールームレディによる開発競争が起こりました。結果的に、どんどんメニューが増えていきました。

4カ月も過ぎると、今度はオリジナリティが出てきました。店ごとに、お客さまに喜んでもらえるよう、いろんな取り組みが生まれ始めたのです。

ある店舗がとても印象的だったのですが、こだわったのが、販売会社内に作った子どもの遊び場でした。これを、びっくりするくらい凝って作りました。

そうすると、好評すぎてクレームが入ってしまうほどになりました。「遊び場が楽しいから、子どもが毎日行きたいと言う」と。しかし、結果的に、クルマが売れていったのだそうです。

ショールームレディたちの見違えるような変化は、意外な展開を見せていくことになります。その**頑張りに刺激を受けた他の職種でも、コンピテンシー研修の実施を望**

む声が上がったのです。

最初は、整備士でした。ショールームレディたちが素晴らしい働きをするようになった。ぜひ自分たちも、あのコンピテンシー研修をやってほしい、と。こうして、「できる整備士」のコンピテンシーが洗い出され、それが行動に落とし込まれて、整備士版の「行動基準集」が生まれました。

そして最後には、営業がやってきました。ショールームレディや整備士が大きく変わった姿を見て、自分たちもコンピテンシー研修をやりたいという声が上がったのです。

コンピテンシーの導入後、この会社は**売り上げが前年比5割増し**という驚異的な伸びを記録することになります。背景には、ショールームレディをはじめ、社員の行動レベルの向上がありました。

「組織は上から変わらないと変わらない」とはよく言われることです。

しかし、上を変えるのは難しい。課長を変えるのは難しいし、部長はもっと難しい。ましてや、社長は一番、変わらないものです。だから、組織は変わらなくて困ることになる。

しかし、意外なことに一般従業員が変わっていくことによって、他の職種や上長にも影響が及んでいくのです。この自動車販売会社でも、「コンピテンシーを導入したい」と言ってきたのは、整備士でも営業でも、それぞれのトップでした。

現場が変われば他職種にも影響していく。私は上を変えるより、こちらのほうが組織を変えやすいと思っています。その好例が、この自動車販売会社だったのです。

一匹狼的な営業ばかりの風土が、コンピテンシーで大きく変わった

──「コンピテンシー導入で会社変革」成功事例②

コンピテンシーを導入して会社が変わった実例の2つ目は、工具メーカーです。主力商品は切削工具。全国的な設備投資の落ち込みにより、売り上げが伸び悩んでいました。

この会社の大きな特色は、営業部隊が同業他社などからの中途採用者の寄せ集めだ

ったことでした。

お客さまは、大きな会社の購買担当です。通常、大企業の工場は郊外にありますから、営業は毎日、その郊外の工場を2、3軒回って直行直帰してしまう。会社に来ることもありますが、せいぜい月2回。ミーティングが開かれて、業績の詰めが行なわれます。

こうした仕事スタイルですから、普段、営業担当者が何をしているのか、上司も把握していません。自身もプレイングマネージャーです。ですから、**「売れても売れなくても、結果を詰めるだけ」**というのが日常でした。

実際には、売れている人は、とても売れていました。ただ、会議の光景を見させていただくと、寝ている人もたくさんいる。実は、その寝ている人たちこそ、売れている営業担当者でした。つまらないから寝ているのです。

一方で、売れない人は、ガンガン詰め寄られる。しかし、どうにも変えられない。自分流のやり方しか知らないからです。

要するに、この会社には、この会社ならではの**「営業のスタンダード」がなかった**

のです。成績優秀な営業担当者のノウハウは、属人的な段階に留まっていました。

だから、全社の業績が伸び悩んでも、営業担当者の行動は変わりません。そこで社長が考えたのが、コンピテンシーの導入でした。

この会社には支店が全国にありましたが、**まずコンピテンシー導入が検討されたのは、売り上げの悪い支店**でした。目標達成率が下から1番目と2番目の横浜支店、名古屋支店です。

コンピテンシー研修には、支店内の営業担当者全員が集まりました。「できる人」に必要なコンピテンシーを全員参加で作成するのが目的でした。

営業に求められるコンピテンシー項目を、コンピテンシーディクショナリーの中からまずは個々人が選ぶ。それから、個々人が選んだものを小グループですり合わせる。そして全員で議論して、コンピテンシー項目を決める。

コンピテンシー項目が決まったら、具体的な行動に落とし込みます。具体的な行動を一人ひとりが書き出し、その中から良いものを選び、まとめ上げます。

コンピテンシー導入の効果は、たちどころに現れました。業績不振だった横浜支店、名古屋支店ともに、**業績が20%以上アップ**したのです。

社長はこの結果を見て、全支店へのコンピテンシー導入を決断しました。以来、この会社では、10年以上にわたって毎年1回、コンピテンシー研修を続けています。この**継続的な取り組みで、全社業績は大幅に向上**することになりました。

どうして会社は劇的に変わったのか。

コンピテンシーを全員で洗い出し、具体的な行動に落とし込んでいくときに、優れた営業の仕事の仕方がオープンになったことです。それまでは、営業ノウハウを共有する機会がなかったのです。

ここで初めて、「成績優秀な営業はこんなことをしていたのか」ということが、社内で明らかになったのです。だから売れていたのか、と。そうすることで、営業スキルが一気に上がったわけです。

優秀な営業担当者は、スキルを隠していたわけではまったくありませんでした。一匹狼的な社風もあって、それをオープンにする場がなかったのです。実際には、エリアも担当も違うわけですから、共有することには実はまったく抵抗感を持っていませんでした。

「こんなことをしていたのか」と驚かれ、教わって喜ばれ、褒められることは、むしろできる営業にはうれしいことでもありました。そうやって、**優れた営業ノウハウが全社に広まっていった**のです。

その1つが、著名な経営コンサルタントの著書で紹介されたエピソードでした。「そこまでやるか」と。それはお客さまである工場の切削工具の無料クリーンサービスでした。しかも、自社製品以外のものも。これがお客さまに高く評価されたのです。


そしてもう1つ、この会社は**「行動基準集」**でナイスなアイデアを生み出していきます。○の真ん中に線を入れて半円にし、意識してできるようになったら右半分を塗る。意識しなくてもできるようになったらもう半分塗る。そして3カ月ですべてを真っ黒にしよう、という取り組みを進めたのです。

ただ行動目標を作るだけではなく、実際に実践するための工夫です。しかも、これを毎年、内容を変えて作っていったのです。

言うまでもありませんが、年ごとにどんどん目指す行動はより具体的になっていきました。それこそ10年も過ぎたら、私たち外部の人間にはよくわからないほど専門的になっていました。

しかし、それがいいのです。そのくらいのレベルの行動が追求されているということ。今もこの会社は、毎年のようにコンピテンシー研修を行ない、新しい「行動基準集」を支店ごとに作り替えています。

離職率の高い介護施設で、従業員満足度が大きく高まった

――「コンピテンシー導入で会社変革」成功事例③

コンピテンシーの導入3つ目の実例は、「悩みだった定着率が上がった」という会社です。介護施設を大規模に展開している会社でした。

介護施設や育児施設では、人の定着に悩んでいるところが少なくありません。従業員満足度もなかなか上がらない。

ところが、コンピテンシーを使うことで、それが解決できたという実例がたくさん

あるのです。この会社もそうでした。

会社としては収益を上げているのですが、とにかく主力事業である介護ヘルパーが定着しない。社長はそんな深刻な悩みを抱えていました。

特に、次年度以降に積極的な拠点展開を考えていたため、この問題は会社が成長する上で、最重要課題の1つとも言えるものでした。

ヘルパーの定着率の低さは、介護業界全体の課題です。たしかに、**ヘルパーの労働条件は良いとは言い難いのが現実**です。

しかし、問題はそればかりではないということに社長が着目したのが、**ヘルパーの「やりがい」**でした。営業や販売の仕事と違って、ヘルパーの仕事は、仕事の中に具体的な目標が見出しにくい、つまり目標がないのです。

頑張っても褒められることもない。しかも、忙しい。こんな生活がいつまで続くのかと考え始めてしまう。だから、1、2年で辞めてしまう。

「仕事のやりがいに結びつくようなコンピテンシーモデルの作成ができないものか」ということで、医療や介護業界にも指導実績があった私に、ご相談をいただいたのでした。

この会社では、先の工具メーカーとは逆の進め方をしました。**ヘルパーの定着率の高い施設から導入して、じわじわと定着率の悪い施設に広げていく**やり方です。

困ったのは、コンピテンシー研修の開催時間でした。医療機関や介護施設は、365日24時間営業です。昼間に全員参加で研修を実施するのは、不可能です。

この会社の場合、お客さま（入居者）の就寝準備を済ませてから実施することにしたのでした。

研修の開始時間は18時30分。それでも、夜勤の方は業務に就かなければなりませんから、全ヘルパーの約8割の参加で実施しました。

通常、コンピテンシー研修には最低6時間が必要ですが、3時間ずつ2日に分けて実施することにしました。

通常の業務終了後の研修ですから、ヘルパーのみなさんにとっては、大変しんどい研修になったと思います。当然、初めはみなさん浮かない表情です。

「なんで勤務が終わってからやるの？」「こんなことをして、効果があるのかしら？」等々、全員「やらされ感」満載でした。

しかし、みんなでコンピテンシーを書き出したり、選んだりする頃には、雰囲気が変わってきました。

「どんなに忙しくても、こういうことは必要ね！」「こっちのほうが大事よ！」等々、議論がどんどん白熱していったのです。

2日目のコンピテンシーを全員でまとめる段階では、深夜にもかかわらず、みなさん立ち上がって熱のこもった議論を続けました。これには、社長も驚いていました。

この会社では、**半年ごとに「従業員満足度調査」**を行なっています。コンピテンシーを導入した施設と、未導入の施設では以下の3点が明らかに変わってきました。

「現在の自分の仕事はやりがいがある」

「自分の仕事の担当分野が明らかにされている」

「今後もこの会社で働きたい」

この結果を受けて、社長はコンピテンシー研修の全施設での定期実施を決断しました。それぞれの拠点ごとに、個性的でユニークな手作りの「行動基準集」が作られていきました。ヘルパーの年齢層の高い施設ではやたらと字が大きかったり、若いヘルパーの多い施設では鮮やかな色の表紙になっていたり。

コンピテンシーを使って**「できるヘルパー」の行動が明らかになっていただけでは**

なく、**「自分たちは日々どんな行動をしなければいけないか」という目標が明確になった**ことが、ヘルパーのモチベーションが大きく上がった理由だったのではないかと思います。

何をしても褒められることのなかった現場で、**「これをしたら褒められる」ということがはっきりした**のです。

以来、コンピテンシー研修は「こういう介護をしたい」というヘルパーの目標や夢を具現化するツールとして定着しています。

コンピテンシーを導入し始めた２００９年当時、14だった施設数は、今や40施設を超えるまでになりました。自分たちで作成したコンピテンシーをベースにした「行動基準集」が、拠点展開を進める上でも大きな力になったと私たちも自負しています。

コンピテンシー導入＆冊子をつくる前のポイント

最後に、コンピテンシー導入の進め方について解説しておこうと思います。

8群75項目のコンピテンシーディクショナリーはすでにご紹介しましたが、これを使ってコンピテンシー研修を行なうことができます。

実際に、先の介護施設で使用した進行プログラムをご紹介しましょう。

ここでは2回に分けて実施しましたが、1回で6時間の研修を行なうことも少なくありません。

一つポイントとしてあるのは、ファシリテーターを仕切りのうまい人にやらせないことです。

そうすると、ファシリテーターがどんどん決めていってしまう危険があるからです。

それでは、みんなが決めるコンピテンシーになりません。

それこそ、**あっちふらふら、こっちふらふらの議論でいい**のです。とにかく反対、という一人が出てきてもいい。そういう紛糾した議論が、みんなにとっての愛着のあるコンピテンシーづくりにつながっていくのです。

コンピテンシー研修を実施する方法

では、具体的に順を追って見ていきます。

1日目

◎18時30分　主催者挨拶（5分）

社長講話／コンピテンシー導入の目的と狙い

◎18時35分　コンピテンシー概論（30分）

コンピテンシーとは何かをわかりやすく説明する

◎19時05分　コンピテンシーの作成〈ステップ①：選ぶ〉

個人がコンピテンシー項目5つを選択（10分）

↓

小グループ（4、5人）に分かれて、持ち寄った5項目をすり合わせ、グループとして5項目に絞る（25分）

↓

できあがったグループから、グループとして絞り込んだ5項目をA群から順にホワイトボードに記入

↓

司会進行役と書記役を参加者の中から決める

全員で議論して絞り込む（60分）

◎20時55分　コンピテンシーの作成〈ステップ②：書く〉

最初に行動に書き出してもらうコンピテンシー項目を1つ提示する

（行動に書き出しやすいテーマを選ぶ）

各人に3つの行動を書き出してもらい、メモに記入する

全員が3つほど書けたら終了

※行動を書き出すときのポイント

・とにかく具体的に、〝超〟具体的に書くこと

・表現方法は「～している」「～する」のスタイルで（「仕事のできる人」が行動してい

る様子が目に見えるように書く〉
・参加者が書き出している中から、具体的によく書けているものを見つけ出し、その場で読み上げる
・上手にできなくても、とにかく褒めて、褒めて、褒め上げる
・書けていない人を見つけて、細かく指導するのは良くない

2日目

◎18：30分　簡単に昨日の振り返りを行なったのち、コンピテンシーの作成の続き
〈ステップ②：書く〉
残りのコンピテンシー項目を提示する

◎18：45　15分間書き出し

◎19時00分　好事例の紹介

◎19時40分　書き出し終了

書けた数をチェックする

隣の人とメモを交換する

◎休憩

◎19時50分　コンピテンシーの作成〈ステップ③：まとめる〉

1チーム、1テーマをまとめる（60分）

※まとめ方の手順

・似たもの同士を集めて「島（切り口）」を作る

・「島」についてベストのものを選ぶ（複数可）

・抜けがないか、削除するものはないかを検討する

◎20時50分　全体検討会

全体で内容を再検討
今後、これをどう活用するかを議論
↓誰かにリーダーになってもらってまとめる
全員から一言
社長講話

◎21時30分　終了

コンピテンシー冊子のつくり方——コンピテンシー研修を、社内で生かしていく秘策

こうして作り上げた「自分たちの行動基準」は小冊子にまとめることをおすすめします。全社員の行動の質を高めることが目的なので、全社員に配付します。

【ポイント①】手軽に持ち運べるサイズで作る

タクシー会社では、乗務員で作った行動基準を手帳サイズの冊子にしました。この

サイズなら、いつもポケットに入れて持ち運べます。

【ポイント②】研修参加者全員の直筆のサインを入れる

美容室チェーンでは、みんなで熱くなって楽しんで作った証として、小冊子の最終ページに全員の直筆のサインを入れました。「私たちが作ったんだ！」という気持ちが、行動改善への継続的取り組みの原動力になります。

【ポイント③】実行状況がチェックできる工夫をする

小冊子の構成にも工夫が必要です。前出の工具メーカーのように、各行動基準の先頭に○印のついた小冊子を作り、塗りつぶせるようにするのもいい方法です。

同社では、これを3カ月以内に全部塗りつぶせるよう、お互いにチェックし合っています。また、管理職は、この小冊子を部下の育成指導ツールとしてフル活用しています。

行動基準の作成効果を定着させる「フォローアップ」

自分たちで作った行動基準を社内に定着させる上で、作成後、いかにフォローアップしていくかが、大きなカギになります。

コンピテンシー研修を実施した直後は「有意義だった」「参加して良かった」「明日からの行動に活かしたい」といった感想が飛び出してきますが、放っておくとこの感動は日々薄れていってしまいます。

薄らいだ感動を呼び起こすための方法として、後ほど詳しくお伝えする「３６０度アンケート」がありますが、その前にミニフォローアップをしっかり行なうことが、行動基準の作成効果を定着させる上で有効です。

◎ミニフォローアップの実施例

①毎朝の朝礼の際に、1テーマずつ持ち回りで自分たちの行動基準を読み上げる
②毎週（毎月）のミーティングの際に、交替で行動基準の全文を読み上げる
③週報に行動基準に関する一言コメントを入れてもらう
④日報、週報に行動基準の重点施策を記入し、実施するようにする
⑤毎月1回、「5段階評価」で行動基準のセルフチェックを行なう

◎ミニフォローアップ実施のポイント

・手軽にできることを優先し、社員に過度の負担をかけない
・定期的に実施する
・継続して実施する

「360度アンケート」の実施

コンピテンシー研修で「気づき」を与え、ミニフォローアップで行動基準の定着を

計った上で、改めて行動基準定着の不十分な点に気づかせ、改善を促すことを目的に実施されるのが、「360度アンケート」です。

360度アンケートは、自己評価と、上司・同僚・部下・後輩・顧客等からのアンケートによって実施します。

次ページに実際の**アンケート票、フィードバック票の例**を掲載しました。

◎360度アンケート実施上の留意点

フィードバック票は自己評価と周囲評価の平均の比較の形で本人に通知します。自分ではできていると思っていることでも、周囲から見ればそれほどではないという点に気づいてもらいたいからです。

周囲評価は平均点でしかフィードバック票に記載されないことは、アンケートの実施にあたって明示しておきましょう。そうでないと、率直な評価を記入してもらえません。

なお、フィードバック票には平均点しか記載しない代わりに、評価者には必ず一言アドバイスを書いてもらうがポイントです。

「360度アンケート」の例

■コンピテンシー評価をお願いします。評価基準は小冊子を熟読ください。（ﾁｪｯｸまたは色付けで願います）

ランク	ランク1	ランク2	ランク3	ランク4	ランク5
評価基準	ほとんど実行できておらず、アラが目立つ	どちらかと言えばできていないことが多い	どちらかと言えばできていることが多い	8割方実行できている	ほぼ完璧に（9割方）実行し、社内のモデルとなっている

●● 浩	ランク1	ランク2	ランク3	ランク4	ランク5
①誠実さ					
②傾聴力					
③顧客拡大力					
④状況分析					
⑤情報収集					
コメントを願います。（このコメントおよび評価は、研修時本人に無記名でﾌｨｰﾄﾞﾊﾞｯｸします）					

△△ 洋樹	ランク1	ランク2	ランク3	ランク4	ランク5
①誠実さ					
②傾聴力					
③顧客拡大力					
④状況分析					
⑤情報収集					
コメントを願います。（このコメントおよび評価は、研修時本人に無記名でﾌｨｰﾄﾞﾊﾞｯｸします）					

×× 利博	ランク1	ランク2	ランク3	ランク4	ランク5
①誠実さ					
②傾聴力					
③顧客拡大力					
④状況分析					
⑤情報収集					

《目的》
コンピテンシー研修で「気づき」を与え、ミニフォローアップで行動基準の定着を図った上で、改めて行動基準定着の不十分な点を気づかせ、改善を促す。

《実施法》
自己評価と、上司・同僚・部下・後輩・顧客からのアンケート

「360度アンケート」のフィードバック票の例

○○ 様

コンピテンシー 360° アンケート結果

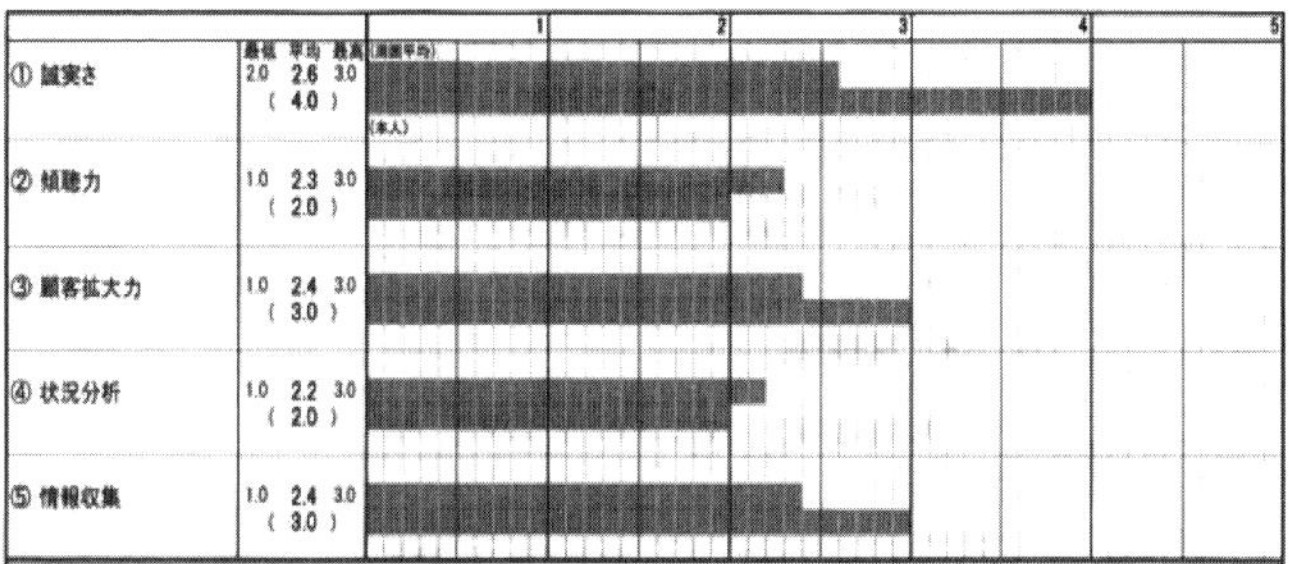

※本人コメント
自分では一生懸命やっているつもりでも、周りの状況を把握できずに空回りする事が結構あると思う。

自分だけなかなか売上が上がらなく焦りも常にある。我が強く人の助言を素直に受け取れない時がある。

※メンバーからの言葉
●一生懸命さは、わかるが空回りしている時が多い。そんなに焦らず、知識と経験を積もう。
一歩一歩前進していこう。口論で、勝っても、相手から、好感をもたれなければ、信頼は得られない。もっと謙虚に足下をみて、がんばっていこう。
●ほぼできています
●なかなかプライドが高く、先輩やお客様に頭を下げるのが苦手なようです。お客様相手の商売上、不道理でも頭を下げなくてはいけない場面もありま
また、わからないことは知ったかぶりをしないで必ずお客様に確認してください。
●まだまだ、経験不足は否めませんが、がんばろうとする気持ちは分かります。あまりテクニックや自分の考えで押し切ろうとせずに、
時にはプライドをすてる勇気を持つことも大事だと思います。ミスはミスと認め次に生かすことも重要だと思います。
●非常に雑学、色んな知識は豊富に持っていて営業的には役に立つし素晴しい事だと思います。残念な事は、少々素直さに欠け理屈ぽい所がありま
ナルシストな部分？お客様、周りの社員からは、良い感じでは思われませんし、良いお客様も離れて行く可能性も有ります。

徐々に意識して直して行きましょう、自分の為に
●配達など 忙しくなると 時間に余裕が無くなってきますが、 事故 ケガの無い様に 気を引き締めてがんばりましょう。
●一生懸命に仕事しているのですがどこか歯車がかみ合わない処があるような気がします。まだ経験も浅いのですから自己判断せず
確認しながら進めたら良いと思います。上司の言葉を謙虚に受け止めて自分を改革し向上していってもらいたいです。
●お客様や上司に対する言葉使いにもう少し気よつけた方がいいように思えます。
プライドをちょっと捨てて先輩に聞きながら確実に仕事をした方が良いと思います。
●何事にも自分の力で考え、頑張っているのは十分に分かります。でも「初心忘れべからず」 あなたの良き上司は、発注ミスの後始末、配達間違
配達忘れの後始末、すべてに対応してくれています。知ったかぶらないで心配な事、分からない事は必ず聞いて行動して下さい。

完璧な人なんていないと思います。むしろ私も望月先生に言われた様に何故間違ったか？その原因を追求し同じ失敗を繰り返さない様にする。

これが出来るだけで、すばらしい事だと思います。発注ミスで不良在庫を増やしたり、配達を忘れて同じ現場に2度足を運んだりしない。

小さい事、出来る事から始めて行っては如何でしょうか？

《主なポイント》

◎自己評価と周囲評価の平均の比較の形で本人に通知。
◎周囲評価は平均点でしかフォードバック票に記載されないことが前提。
◎評価者には必ずひと言アドバイスを書いてもらう。

この一言アドバイスは、フィードバック票に原文のまま記載します。この周囲の人々からの〝率直な一言〟がたいへん参考になります。

◎360度アンケートの効果

実際にやってみると、自分自身のことを謙遜《けんそん》して、自己評価を低めにつける傾向が見られます。しかし、本人たちの本音としては、もっと周囲の評価が高いことを期待していると考えるべきです。

したがって、実際にフィードバック票を見せられると、多くの人は相当なショックを受けるようです。この**〝ショック〟が本人たちに「気づき」を促す**のです。

先に自動車販売会社の事例で触れましたが、同社ではショールームレディを対象に360度アンケートを実施したところ、彼女たちの行動が見違えるように変わりました。アンケート結果から受けた〝ショック〟を糧に、彼女たちは自主的な改善活動に取り組み始めたのです。

このように、単に「できている」「できていない」という結果評価に一喜一憂するのではなく、ここから生じる「気づき」をどのように次のステップに結びつけるかが肝要だと言えるでしょう。

定期的にメンテナンスする

一度、行動基準を作ったら、それで終わりではありません。

最低でも年に1回は内容を見直しましょう。

「仕事のできる人の行動」を具体的に記述すればするほど、その〝旬〟は短く、また短くなくてはならないからです。

前出の工具メーカーでは、15年以上にわたって内容のメンテナンスを続けています。見かけも変わっていますが、重要なのは、その中身の充実ぶりです。版を重ねるごとに、行動の記述がより具体的になり、的を射たものになっています。

それだけ、コンピテンシーという考え方に対する理解が深まっている証と言えるでしょう。

やはり**「継続は力」**なのです。

第4章

社員の生産性を上げ、あらゆる問題を解決する人事評価制度

――「あしたの人事評価」の威力

ダメな評価制度は、優秀な社員のモチベーションを下げる

望月さんからバトンタッチを受け、ここからは私、高橋恭介が書き進めてまいります。

私は2008年に、望月さんの作った**コンピテンシーディクショナリーを人事評価に活用する会社**を設立しました。それが、人事評価制度を提供する「株式会社あしたのチーム」です。

主に、中小企業・ベンチャー企業を対象とした人事評価制度の構築と運用のサポートを手がけています。**制度を作るだけでなく、導入、運用までしっかりサポートする**ことが、私たちの大きな特色です。

創業から8年で、導入実績は1000社にのぼります。国内外21カ所に拠点を展開し、従業員数はすでに100名を超えています。

望月さんとの出会いは前職のベンチャー企業、プリモ・ジャパン勤務時代でした。最初はコンピテンシー研修を受ける立場でしたが、その後、人事部門を率いることになり、望月さんにサポートいただきながら、コンピテンシーを使って会社を大きく変えることに成功しました。

私は大学を卒業後、大手リース会社の興銀リースに入社し、その後4年でプリモ・ジャパンに転職をしました。今ではブライダルリングを販売するベンチャー企業として、年商約200億円、正社員800名でテレビCMを打ったりするメジャーな会社になっていますが、私が入社した当時はまだ社員30名ほどの会社でした。

転職したのは、創業者のもとで働けば、吸収できるものが多く、起業につながる最短の道になるのではないかと感じたからです。最初はファイナンス部門に所属し、その後、人事に移りました。

当時は人事評価制度のようなものは何もなく、優秀な人ほど離職率が高い状態でした。それこそ、離職率は50パーセントを超えていました。社員の間で、人事や評価に対する不平不満が募っていることが日々、見て取れました。

それでも会社は急成長を遂げ、私は29歳で取締役副社長になりました。このときには、社員数が400名を超える企業になっていました。

人事のトップとして、こんな経験をしたことがあります。業績向上に応じる形で、ある年の給与改定の折、**全社員の給与を一律1万円上げる**ことにしたのです。社員に報いる気持ちからでした。

ところが、**社員からは相当な不満が噴出した**のでした。そのほとんどが、優秀な社員たちでした。合わせて2500万円ほどの人件費をかけたにもかかわらず、優秀な社員のモチベーションがむしろ下がる結果になってしまったのです。

この経験は、私にとって衝撃でした。**きちんと差をつけられる正当な評価制度がないと、経営は立ちゆかない**と実感しました。そこで、この年を「評価元年」と銘打って、人事評価制度をゼロから構築していくことにしたのです。

人事評価制度で、企業は変えられる

まずは、**人事評価を半年に一度しっかり行なう**ことを決めました。そして、新しい評価制度を確立しました。

このときに活用したのが、コンピテンシーでした。

評価は大きく2つに分けて行なうことにしました。

業績評価のMBO（Management by objectives／目標管理制度）と**コンピテンシー**です。

半年後、緻密な人事評価制度を受けて、**社員の給与は3つに分かれました**。

前期と比べ、上がった社員、同じ社員、下がった社員です。上がった社員の平均は2、3000円程度でしたが、目標への達成度が高かった人は最高2万円まで上がりました。

社員の反応はおおむね良いものでした。優秀な人材のモチベーションも上がり、離職率も大きく下がりました。

人事評価制度が、企業にとっていかに大事か。

いかに企業を変える力を持っているか。

それを実感した私は、人事評価制度を提供する事業を起業してスタートさせることにしたのです。

そして、その1つの重要なキーワードになったのが、**「評価にコンピテンシーを使う」**ということだったのです。

評価制度を査定だけに使うのは、もったいない

人事評価制度という言葉を聞くと、経営者によっては、「そんなものは必要ない」「結果さえ見ればすぐにわかる」という声が聞こえてくることがあります。

とりわけ創業者の場合は、すべての仕事について、自分に経験があったりします。

評価は自分の目でしっかり行なうことができるということなのでしょう。

しかし、そういう声が出てくるのは、人事評価制度を給与の「査定」のために使うものだという思いがあるからだと私は考えています。

いわゆる「結果評価」です。

もちろん、結果を評価することも大切なことです。しかし、査定のためだけに評価を使うのは、私はあまりにももったいないと考えているのです。

実際、結果だけ評価していて、業績が上がったり、人材育成につながったりするでしょうか。

私たちが考えているのは、人事評価制度を査定だけに使うのではなく、**人材育成に、さらには業績を上げるために使っていこう**という提案です。

それを可能にするのが、コンピテンシーなのです。

だからこそ、これまでになかった、まったく新しい人事評価制度を私たちは作ることができるのです。

評価と結果が連動する「あしたの人事評価」

1990年代以降、日本にも成果主義の波が押し寄せてきました。しかし、実際には、なかなかうまくいきませんでした。

そうした人事評価制度を「きのうの人事評価」とすれば、私たちが構築、導入、運用をサポートする**「あしたの人事評価」**には大きな違いがあります。

その特色の1つは、**会社が求めていることを、きちんと給与に紐付いた目標の設定として行なうことができる**点です。

人事評価制度において、まず大切になるのは目標設定です。目標設定の段階で、経営側と社員側の双方で合意を形成しなければなりません。

重要なのは、この**「目標の掌握」**です。

間違ってもやってはいけないのは、会社や上司が部下の目標を一方的に決めてしまうこと。あるいは、求められたことを頑張ってやったのに、評価されないダブルスタンダードを作ってしまうこと。

そうではなくて、例えば、**経営理念やビジョン、事業計画、行動規範など、会社が求めるものを、職種や役職ごとに具体的な目標に落とし込む**ことが大切になります。

ここでのポイントは、経営陣の意思を目標に反映させることです。

そして私たちの人事評価制度のもう1つの特色は、**定量・定性の2軸で社員一人ひとりの多面的な目標へとブレイクダウンしていく**ことです。最終成果のみならず、プロセス成果も見るのです。

定量評価は、営業でいえば、売り上げや利益など、数字で測れる評価のことです。

しかし、すべての職種が数字で測れるわけではありません。また、とにかく数字さえ上げていればいい、というわけでもない。これでは、会社が荒れてしまいます。そこで重要になってくるのが、定性評価です。

この**定性評価を行なうときに活用するのが、コンピテンシー**なのです。

具体的なコンピテンシーを設定し、業務のプロセスを評価するのです。

コンピテンシー＝「仕事ができる人の行動特性」は、**「行動目標」「行動改善目標」**

「プロセス目標」とも私たちは呼んでいます。

コンピテンシーは、言葉を換えると、「これを守っていれば、仕事の結果は出る」という要素のこと。そこで、全社の目標と、職種・役職の目標、複数のコンピテンシーを設定していくのです。

さらに、この**コンピテンシーを具体的な行動レベルに落とし込んでいく**のが、「あしたの人事評価」の特徴です。

そうすることで、日々やるべき行動が明確になります。しかも、日々の行動に対する評価基準も明確になります。経営者や上司の主観的な評価からも脱却でき、社員のやる気を引き出すことができるのです。

その目標は「これを守っていれば、仕事の結果は出る」というもの。評価と結果が連動していく。「あしたの人事評価」を導入すれば、こういうことができるようになっていくのです。

評価と報酬が連動する制度がないと、優秀な人材はどんどん流出する

どうして「あしたの人事評価」が重要になってきているのか。

それは、就職環境にも要因があります。**社員が納得できる人事評価のできない会社は、人が去っていってしまう可能性が高い**からです。

有効求人倍率がバブル期以来の水準にまでなり、人材採用が難しくなっていますが、実は採用が難しくなっているばかりではありません。

優秀な人材は、引く手あまたになっているということです。優秀な人材が、どんどん会社を辞めて転職してしまっているのです。

それもそのはず。転職をすれば、今の会社にいるよりも高い評価を得られる可能性があるからです。

「転職すれば3割増し」というのは、数年前から会社員の間でよく使われるキャッチ

フレーズになっています。3割増しとは、もちろん給与のことです。

人材の流動化は今や当たり前になっている。**需給バランスが崩れた今は自分を高く売れるので、優秀な人材から辞めていく**のです。

人材の採用が難しくなっている、となれば、企業は社員を社内につなぎ止める努力をしなければなりません。せっかく採用したのに辞めてしまっては意味がない。また、社員が次々に辞めてしまったら、事業が立ちゆかなくなります。

では、何が必要になるのか。当社の調査で1560人の退職・転職経験者にアンケートを取ったことがあります。なぜ会社を辞める決断をしたのか、その理由を聞きました。

最も多かったのが、**「評価の報酬の連動がないこと」**。

理由の2位の「家庭の事情」を抜いて、ダントツの1位でした。

アンケートでは、約半数が「給与、昇給昇格制度」に不満を感じていたことがわかりました。そのうちの59パーセントが、**「自分の実績や頑張りが給与に反映されない」「昇給・昇格の基準がわからない」**と回答していたのです。

頑張って成果を出したのに、それに対して正当な評価がない。それでは、人が辞めていってしまうのは当然のことです。ましてや、成果をどんどん出していく優秀な社員なら、なおさらのことでしょう。

ところが、そのことがわかっているはずなのに、**多くの会社に「評価と報酬の連動がない」という現実**があるのではないでしょうか。いまだに、終身雇用を前提とした年功給が事実上、行なわれていることが少なくないからです。

その最大の要因は、社員が納得のいく評価制度が会社にないことです。あるいは、あっても評価制度がきちんと機能していないのです。

評価査定を行なっていても、うまくいかない問題点

評価査定自体はきちんと行なわれている場合もあります。

ところが結局、最終的に大きな差を社員間でつけるのをためらってしまう。あるい

は、大して頑張っていない社員まで昇給させてしまう。結果的に、**頑張っても頑張らなくても、大きな差のない昇給**が行なわれたりする。

これでは、**平等という名の不平等**です。頑張った人がおもしろいはずがありません。頑張って成果を出した社員と、そうでない社員でより差をつけていかない限り、優秀な人材はつなぎ止められません。

そして同時に、頑張らない人が反省することもありません。

なぜなら、頑張らなくても昇給できてしまうからです。結果として、頑張らない社員をたくさん作ってしまっている。もっと言えば、頑張りたいけど頑張れない社員がたくさん出てきてしまっている。

頑張っても頑張らなくても大して評価が変わらないなら、頑張るインセンティブは働かないのです。

むしろ、ダラダラ長時間働いて、たくさんの残業代が出るようなことになりかねない。**頑張らなくても同じなら、生産性は上がらない**のです。

日本で成果主義がうまくいかなかった理由

大学を卒業して興銀リースに入社した90年代後半は、まさに日本の大企業がアメリカ型成果主義を導入していった時代でした。興銀グループも、外資系の組織・人材コンサルティング会社と契約し、数億円のコンサルタント料を払って、人事評価制度を変えようとしていました。

しかし個人的には、この新しい人事評価制度はあまりうまくいかないのではないかと感じていました。

というのも、上司は本音では評価や査定を面倒がっていたからです。

「自分の部下は全員〝S〟で評価して、給料を上げてやるか」なんて声が聞こえてきていました。一方の社員も「給料が上がるから、まあいいか」というようなレベルだったからです。

評価や査定といった人事のイベントが単に年2回あるだけで、人事評価の核となる目標設定も形骸化していました。**外部の人材系企業が考えたルールを大手の企業にな**

んとなく当てはめただけの形で、終身雇用・年功序列制を前提とした企業の本質はまったく変わらなかったのです。

あしたのチームという会社を設立後、「人事評価制度を変えれば会社が変わります」という私の提案に対して、「人事評価制度なら、もうあるよ」「導入したけど、会社はまったく変わらなかった」「むしろ会社がひどくなった」といった声が聞こえてくることがありました。

しかし、それは90年代に行なわれた、**年功序列を色濃く残した中途半端な人事評価制度改革**や、**日本には合わないアメリカ型成果主義の導入**だったのではないかと私は思っています。結局、正しい運用が行なわれてこなかった。正しい人事評価制度が導入されなかったのです。

実際にこの20数年、日本企業は人事評価制度を変えても、変われませんでした。しかも、真剣なオペレーションをしてきませんでした。そこに労力、エネルギーを日本の民間企業はかけてこなかったのです。

その結果が、生産性の低さやグローバルの中でのプレゼンスの低下という事態だと私は思っています。ここにもまた、「失われた20年」があったのです。

「SABCD」の5段階評価の盲点

「いや、評価には差がつくようになった。実際、5段階に分けられるようになった」

そんな言葉を強調されることもあります。

多くの会社では、一般的に**「SABCD」の5段階評価**が行なわれています。評価点が40点までがD、41点から55点までがC、56〜71点までがB、71〜85点までがA、86点以上がSです。

しかし、よく考えてみてください。15点もの差がある人が、1つのランクに入っているのです。100点満点で15点も差があるのに、56点でも71点でもランクが同じなのです。

これ自体、おかしくないでしょうか。71点の社員は、56点の社員と同じ評価をされることに納得できるでしょうか。

そしてもっと言えば、日本人はなかなか最高評価をつけづらいのです。Sランクというのは、なかなかつかない。同様に、最低評価も相当低くなければつけないでしょう。つまり、SもDもほとんどないということです。

残るはCとBとAということになりますが、CとAもせいぜい数パーセントといったところでしょう。よほどの結果が見えなければ、わざわざCやAにはしない。ということで、真ん中、どちらともつかず波風も立たないBが最も多く選択されることになります。15点も差があるのに、**頑張った人もそうでない人も、場合によっては同じ評価をされてしまう。**

これで、「頑張れば評価されるから頑張ろう」ということになるかどうか。

しかも、**そもそもの目標が、なんとなくのもの**だったりもします。確たる裏付けもなく、「このくらいはやっておくか」と上司との間で握られたものになっていることも多いのです。そしてこれが、なんとなくの点数で、なんとなく評価される。これでは、とても納得した評価にはなりませんし、モチベーションにはつながりません。

大事なことは、会社がやってほしいことと自分たちが求めるものをきちんと同期させることです。

経営陣がやってもらいたいことと社員が欲しいものを、ドッキングさせるからこそ、人事評価制度は機能するのです。

日本はこの20年、人事評価制度や目標管理制度で失敗した。そう言わざるを得ないでしょう。

そのことに、はっきりと気づかなければいけないのです。

インセンティブ設計ひとつで、会社は揺らぐ

会社が社員に何を求めるのか。

平たく言えば、インセンティブの設計ですが、これがどのくらいのインパクトを持っているか、人事評価制度の作り手は、強く認識しておく必要があります。**インセンティブ設計は、優秀な人材ですら、大きく変えてしまう危険性を持っているからです。**

わかりやすい例をご紹介しましょう。

数千億円規模の巨額の赤字を出し、有望な事業の売却に追い込まれ、今なお経営が

大きく揺れている**東芝の不正**は、なぜ生まれたのでしょうか。

実は、**人事評価制度に理由があった**のです。

役員のいわゆる報酬、賞与は数千万円単位の業績連動でしたが、その業績というのが、以前は年間の利益、いわゆる期間ＰＬの達成だったのです。だから不正が生まれたと第三者委員会が分析、発表しています。

なんとしてでも期間ＰＬを達成することが、大きなインセンティブになってしまった。そのために、優秀な人たちが間違った選択や決断をしてしまうようなことが起きていったのです。

今後は、毎期の業績に応じて執行役員の報酬を決めている評価制度を大幅に見直すという報道が行なわれていました。具体的にはキャッシュフローになっていくことのようです。キャッシュフローであれば、ごまかしがきかないので、再発防止につながります。

日本を代表する企業ですら、**人事評価制度というモノサシ一つで、倒産するかどうかまで追いやられかねない**ということです。

社員が万単位の会社でも、評価制度１つで経営の舵は大きく揺れてしまうのです。

残業問題と人事評価制度

逆に言えば、会社が社員に対してしてほしいことを人事評価制度として設計すれば、それはそのままインセンティブになっていきます。

例えば、今や社会問題になっているのが残業です。何かおかしなことが起きれば、残業1つで会社の屋台骨が揺れるようなことだって起きうる。

では、**どうやって残業を減らせばいいのか**。

実際は難しいことではないと私は思っています。

上司の評価に、部下の残業時間を入れればいいのです。

自分の痛みが入ってこなければ、人は動きません。これまでも「部下の残業を減らせ」と言い続けていても減らなかった残業が、「残業を減らさなければ、評価が落ちる」という仕組みを作るだけで変わります。上司は、自分の痛みになるからです。

部下の残業が増えれば、上司の評価が下がる。部下の残業を減らすことができれば、評価が上がる。そして評価は、給与に直結する。

そういう人事評価制度が作られていれば、評価を下げることを選択する人はいません。

評価が上がる、部下の残業を減らそうとする。これは、当たり前の動きです。

だからこそ、**経営陣が求めていること、会社がやってほしいことをきちんと人事評価制度やインセンティブ設計に同期させていく**ことが重要になるのです。そうすることで、好循環サイクルが生まれていきます。

逆にいえば、なんとなくという漠然とした目標で、なんとなく点数を出して、なんとなく給与に反映させていたのでは、あまりにもったいないのです。

目標を明確にし、評価のサイクルも早め、人材育成という視点や企業防衛という視点も持って、きちんと給与に反映させていく。そんな人事評価制度を作ることが大切なのです。

「そんな人事評価制度が作れるのか？　難しいんじゃないか」

中小企業向けのセミナーなどで、よく聞く声です。

しかし、**それを容易にするのが、コンピテンシーの存在**なのです。

理念だけでは、経営者の思う会社には到達できない

8群75項目のコンピテンシーディクショナリーをご覧いただくと、「こういうものは社内にもちゃんとある。例えば、経営理念がそうだ」という声が聞こえてくることがあります。

しかし、**重要なことは「具体的に何をすればいいのか」**です。大切なのは、「見える化」なのです。

何をすべきかが、極めてわかりやすく社員に伝えられているか。

経営理念のような共通言語は、実はそこが難しいのです。

いろいろなとらえ方ができてしまう。人が変われば、方針も変わります。理念と目の前の行動が、実はリンクするようでリンクしない場面もある。つまり、**抽象的すぎる**のです。

例えば、「社会のため、世界平和のため」というお題目に対して、反対する人はいないと思います。

しかし、それだけを話し合っていても、実際には何も動きません。「具体的に何をしなければいけないのか」ということこそが重要なはずです。

経営理念も同じです。崇高で誰も否定しない。しかし、ではどんな行動をすれば理念に到達できることになるのか、きちんと社員は認識しているでしょうか。

そこで**活きてくるのが、8群75項目のコンピテンシーディクショナリー**なのです。

戦略と戦術を合致させる最強ツール

コンピテンシーディクショナリーには、具体的な言葉が並んでいます。

「経営理念を守るとはどういうことなのか」を、この8群75項目に落とし込んだとしたら、どうでしょうか。

さらに、選ばれた項目から、個々の社員がどんなふうに行動していけばいいのかがしっかり落とし込まれていたら、どうなるでしょうか。

しかも、その行動がきちんとできたかどうかが評価と直結し、報酬にも直結するとなれば、どうでしょうか。

それを私たちが行なっているセミナーでは、実体験してもらうことがあります。おいでになった経営者それぞれに、こんなお願いをするのです。

「実はこんな経営理念を持っている会社があります。では、コンピテンシーディクショナリーの8群75項目から、この理念を達成するために必要な4つの項目を選んでください」

会社の規模、業界はさまざまです。経営者はみなさん、自分なりに考えてくださいます。もちろん第一線で経営をしている人たちです。経営理念についてもよくご存じですし、「できる人の行動特性」についてもご存じのはずです。

そして4項目選んでもらったら、隣の人とペアになってお互いに発表し合います。

そこで何が起きるのかというと、**一致しない**のです。

同じ経営理念を75項目のコンピテンシーディクショナリーから落とし込み、4項目を選んだはずなのです。ところが、一致しない。実は、一項目も一致しないことが多いのです。良くても1項目。2項目以上、一致することはほとんどありません。

同じ経営理念でも、これだけとらえ方は違うということです。経営者というレイヤーにおいても、です。まして、会社の社員だったら、どうでしょうか。

もし、会社に戻って社員に「我が社の経営理念を実現するために必要なコンピテンシーはどれか」と選んでもらったら、どうなるか。

おそらく、セミナーと同じようなことが起きるでしょう。認識はこれくらいずれる——。理念だけでは、経営者が求めていることは達成できないのです。

「戦略戦術」という言葉がありますが、**戦略は合っていても、戦術が合っていない**。

しかし、戦術を合わせるというのは、並大抵のことではないのです。

そこで生きてくるのが、コンピテンシーなのです。

コンピテンシーディクショナリーから選ばれた4項目なら、社員もわかりやすいでしょう。

何をすればいいのか、よくわかります。しかも、評価の対象にもなるのです。

「何をすべきか」がはっきりとらえられる。だから、残業も減らせるし、生産性も上げられる。

セミナーにご出席いただいた経営者は、みなさん理念をコンピテンシーに落とし込む価値に、大いに納得していただくことになります。

困った社員へのコンピテンシー活用術

しかも「あしたの人事評価」では、**コンピテンシーをさらに具体的な行動目標に落とし込みます**。

会社が求める、理念に合致したコンピテンシーに対して、**社員が具体的に何をするのか、自分で考えていく**必要があるのです。

そして、それを実行できたかどうかが、報酬に直結する評価になります。仕事の成果のみならず、会社が求めていることがどれだけできたかについても、社員は問われるようになります。

「できる人の行動特性」ですから、その行動を追求することそのものが、成長につながります。そして業績にもつながっていく。

しかし、それればかりではありません。**困った社員にもコンピテンシーが使える**のです。

例えば、よくあるこんなケース。

先代から経営を引き継いだ二代目。チーム精神を発揮して、若い力で頑張ろうと意気込んでいた。ところが、**社歴が古い〝お局〟が経理**にいて、若い社員を困らせていた。

古いルールを頑として曲げない。コンピューターをできるだけ使わない。メールでの連絡を嫌う。いつも不機嫌で文句ばかり言っている。結果として、若い社員に煙たがられていた……。

二代目経営者は悩みます。このままでは、会社の雰囲気が悪くなる。一体感が作れなくなる。父の代のときには良かったけれど、代替わりもした今は、考えてもらわないといけない……。

困っていた二代目社長に提案したのが、コンピテンシーの活用でした。

彼女に求めるコンピテンシーとして、C群から「親密性／ユーモア」、D群から「チーム精神の発揮」をチョイスしたのです。

実際、経理部門にはよくあることなのですが、こんな言葉を平気で言う社員がいます。

「私たちの仕事は、ちゃんと経理処理をすることなんだから」

しかし、経理も組織の一員です。だからといって、何をしてもいいわけではない。請求書や領収書をチェックする役割だからといって、人を不快にさせてはいけない。

そこで2つのコンピテンシーから、具体的な行動目標を作ってもらいました。

「明るく笑顔で過ごす」「チームの一体感を大切にする」

これが、そのまま報酬に直結する評価になりました。

これまでのように不機嫌でいたら、それだけで給料に跳ね返ってきてしまうことになるのです（「あしたの人事評価制度」ではマイナス査定、報酬ダウンもありえます）。

こうなれば、一気に行動が変わっていきます。


コンピテンシーで、一部分にスポットライトが当たると日々の言動も変わっていく

ものなのです。

こんなケースもありました。**コスト意識とモチベーションに欠ける中堅営業マン**がいました。

数字はなんとなく達成しているけれど、経費は多い。朝から外出して、直帰がやたらと多い。何をしているのか、よくわからない。

若い営業マンのお手本にしたくないタイプです。

この営業マンには、コンピテンシーディクショナリーから、E群の「コスト意識」「計画性」を選択して、具体的な目標を作ってもらいました。

こうなると、経費の意識は一気に変わります。コスト意識がないとみなされたら、評価は下がってしまうのです。

また、予定表の中身を上司と確認し、上司のチェックなくしては外出できなくなりました。

実は、1日外出して何をしていたのかというと、「2つの取引先に見積書を出していただけ」という日もあったことがわかりました。見積もりは、メールでもできます。

仕事内容をがらりと変え、もっと成果を出せるやり方へと変えることができたのです。

こんなケースもありました。**年配のベテラン社員。**経験から成果は出すけれど、タバコ臭い、清潔感がない、偉そうな態度……。こういう人がいると風紀が乱れると若手社員からブーイングが起きていました。

そこでコンピテンシーディクショナリーから、A群の「ビジネスマナー」を選択。具体的な問題点を行動目標に落とし込んでもらいました。

はっきりと気づきを得てもらっただけでなく、清潔感を持ってもらうことを報酬にも連動する目標にできたのです。若い社員の悩みを1つ解決することができました。

これらは、ほんの一例です。こんなふうに、**会社が社員にしてほしいことを具体的に報酬に連動した目標に落とし込めるのがコンピテンシー**なのです。

社員説明会から社員の目の色が変わる

正当な人事評価制度を会社が本気で取り入れようとしたら、何が起きるのか。

私たちはよく、象徴的なシーンに出会います。

それは、社員全員を集めて新しい人事評価制度についての説明会を開くときです。

ここから、もう会社は変わり始めます。

社員説明会に集まってきたとき、最初は社員の多くは正直、懐疑的な表情です。

「また、何か会社がやるのか」

「面倒くさいことが始まるんじゃないか」

「忙しいのに、わざわざこんな場を作って」

そんな空気感が広がっています。

ところがこれが、約2時間の社員説明会が終わった頃には一変しています。

社員説明会には、経営陣はいません。最初に社長に挨拶をしてもらうことはありますが、後は私たち「あしたのチーム」のスタッフと現場の社員たちだけです。

作ろうとしているのは、以下のようなものです。

◎正当な人事評価制度であること。

◎頑張った社員がきちんと報われるようにすること。

◎マイナス査定もいとわないこと。
◎成果だけを評価するのではなくプロセスも評価すること。
◎追いかける目標は自分の納得のいくものになること。

……などなど。

説明をしている間に、社員の表情は見る見るうちに変わっていきます。そして、最後の質疑応答では、こんな声が出始めるのです。

「すいません。ここだけの話にしてもらってもいいですか。後で私がこんなことを言っていたということは社長には知られたくないので。うちの社長は本気なんですか？」

時間をかけて話し合いが進んできたことや、本気であることを伝えると、また空気が変わります。

「とうとう、うちの会社も変わるのか」

という高揚感がひしひしと伝わってくるのです。

辞めようと思っていた優秀社員が踏みとどまったワケ

これは本当にあったことですが、辞めようと思っていた社員が、「辞めるのをやめた」というメールを直接その社員からもらったことがあります。

頑張りと給与の連動がない。こんな会社ではやってられない。もう辞めようと思っていた……。

そんなタイミングで、あしたのチームの新しい人事評価制度のプロジェクトが発足することを事前に知った。どんなプロジェクトなのかと、耳をずっとそばだてていた、と。

あしたのチームについても調べたそうです。大手の会社ではないベンチャー。だからこそ、動きはとても速い。「1年後にやる」なんてものではない。次の四半期の頭からすぐにスタートしたりすることがわかった。

「本当にやるのか」と思っていたら、社員説明会の日程が伝えられ、全社員の予定が押さえられた。これは話を聞いてみようと思った、と。

優秀な社員だったのです。そして社員説明会が終わった後、長文のメールが彼からきました。今回の制度の導入によって、退職を考え直すことにした。もう一度、この会社に賭けてみようと思った、と。

新しい人事評価制度がスタートして、しばらくして彼に会う機会がありました。「どうですか?」と尋ねてみると、**「これだったら頑張れます。私以外にも頑張れるスタッフは増えると思います」**という答えが返ってきました。

「メールの件も、社長には言わないでほしい」と言われていましたので、私の中だけにずっと留めていました。

頑張っている社員ほど、正当な人事評価制度を待っている

ぜひ知っておいてほしいのは、「社員説明会からもう社員が変わる」ということです。「人事評価制度は、3年も経って根付いてからでなければ会社は変わらない」と考える人も多いのですが、それは大企業の発想です。**中小企業やベンチャー企業は、もっとビビッドに反応**します。

とりわけ、**頑張っている社員は待っている**のです。自分たちが、きちんと報われる日がやってくることを。

たしかに超売り手市場で、優秀な人材は引く手あまたかもしれない。給与は3割アップするかもしれない。

しかし、転職にはどうしてもリスクが伴います。

会社や商品、同僚も気に入っているし、社長も尊敬している。できることなら、こ

のまま会社にいたい。**辞めなくて済むなら、今の会社で頑張りたい……**。そんなふうに思っている社員も多いのです。

正当な人事評価制度を導入することは、そうした優秀な社員の期待に応えることにもつながるのです。

そして社員は、実は**「成果」だけではない評価を歓迎している**ことにも気づけます。「あしたの人事評価」では、最終成果のみならずプロセス成果も見る。もしコンピテンシーがきちんと発揮できた人間がいたら、たとえ結果が同じであっても、コンピテンシーを発揮できた人を高評価します。

なぜなら、**「コンピテンシーを守っていれば、結果は出る」という前提がある**から。

営業の売り上げは典型例ですが、**定量の目標は運に左右される**こともあります。「たまたま運良く先輩から引き継いだ会社から大きな取引が生まれた」などということもあります。

一方で、コツコツとコンピテンシーを積み重ねていたけれど、今期はたまたま大きな成果に結びつかなかったということもあります。逆にいえば、来期に大きく花開くかもしれない。結果は、後で出てくる可能性が高い。

そういうコンピテンシー設定がしてある、あるいはしていなければいけないのです。

上司にとっては、定量、定性の両面から評価することは面倒なことかもしれません。しかし、**部下の行動レベルに目を光らせ、達成できたか否かをチェックし、正当に評価する**ことが、これからの時代の人事評価制度なのです。

「間接部門は評価できない」という勘違い

評価制度は本来、給与に直結するものです。**人事評価制度がしっかりしている会社の社員は、パフォーマンスが上がります。**だから、会社の業績も良くなり、ますます給与が上がっていく。好循環サイクルが回っていきます。

だからこそ、繊細で、労力をかけた評価制度をつくらなければなりません。それがあって初めて、社員が頑張ることができるのです。

そんな人事評価制度を作ろうとしたとき、こんな声がよく聞こえてくることがあります。

「間接部門は評価するのが難しい。無理に評価することはないのではないか」

営業ではない職業は、数字で評価できない。どうやって評価をするのか、と。

私がすぐに返すのは、「それでは、**営業以外の人は不必要な人ですか**」という問いかけです。これは、契約社員などの非正規社員に対しても同じです。不必要な人なのでしょうか、と。

実際には、営業だけいても、会社は回りません。それを支える人たちが必要になります。経理や人事、営業アシスタントもそうでしょう。そこで、こんな投げかけをします。

「営業アシスタントの方は営業を支える重要な仕事だとおっしゃいました。その方が5人おられるそうですね。では、支えるというのは、御社の仕事で言えば、何をする仕事になるのでしょうか」

こんなふうに聞くと、多くの場合で、仕事の内容が出てきます。伝票の入力、顧客のフォロー、資料作成、請求書作成、電話番……。

「わかりました。では、それを目標になさってはどうでしょうか。**仕事をすべて洗い出して、何をしてほしいのかを明確にする**ことです。そしてもう1つ、5人のアシスタントのうち、最も優秀で、**この人にはいてもらわないと困るという方**はどなたですか」

そうすると、特定の名前が出てきます。なくてはならない営業アシスタントの方は必ずいるものです。

「では逆に、ちょっと申し上げにくいですが、この人はもうちょっとだな、もうちょっと頑張ってほしいなという方はどなたでしょうか」

するとまた、名前が出てきます。そして私はこう申し上げます。

「その2人の差は、どこにあるのでしょうか」

社長からはこんな言葉が出てきます。営業が仕事をしやすい環境を整えてくれる。いつも笑顔でいてくれる。細かなところに気がつく。頼みやすい雰囲気を作ってくれる……。

私は話を聞きながら、コンピテンシーの75項目を記したカードをお見せして、「もしかして、このカードとこのカード、このカードに書かれていることを行動目標にしていくと、なくてはならないアシスタントをもっと増やせるのではないでしょうか」

と伝えていきます。

そして、なくてはならない人になっていけば、きちんと給与に差をつけて報いる。

これはすなわち、間接部門の人事評価なんです、と。

間接部門も定量・定性の2軸で構成する

また、**間接部門でも、コンピテンシーだけでなく、数字＝MBO項目を出すことができます。**

例えば、業務改善の提案件数を数値化する。会社の業務改善に、どのくらい意見を出したか。

これは、極めて大事な仕事です。

ルーチンワークに陥ることなく、常に生産性を上げようという取り組みを進める。

それが、業務提案という形になって表れる。これを評価しない会社はないでしょう。

ならば、きちんと定量化する。業務提案をする機会を仕組み化して、しっかり件数を拾えるようにする。

全社売り上げという数字も加えてもいいでしょう。間接部門も、全社売り上げに貢献しているからです。

こうした**定量目標、定性目標の2つをウエイト50パーセント、50パーセントで設定**する。あるいは、**MBOの配点ウエイトは20パーセントにして、コンピテンシーを80にしてもいい**でしょう。

間接部門だし、売り上げは別なので、コンピテンシーだけでもいいじゃないかというのも問題があると私は思っています。

営業が「とにかく数字さえ上げればいいんだ」「コンピテンシーなんて関係ない」などということになったら、会社が荒れてしまいかねないのと同様に、**間接部門もMBO＝数字は関係ないとするべきではありません**。

定性と定量の2軸で構成することに慣れてもらうことが重要なのです。だから、営業にも定性、プロセス、コンピテンシーは必要だし、間接部門にもMBOは必要になります。

実は、まずは業務改善提案件数と全社の売り上げを20パーセントでも評価に加えて運用していると、やがて必ず間接部門の社員から声が上がるようになっていきます。

例えば、経理の社員が、「こういうところが評価されていません。こういうところを見てほしい」ということを言い出すのです。

こうなったら、会社としてはしめたものです。

「そうか、これを評価されたいか」

とMBOを一緒に設計していけばいいでしょう。

社員が評価してほしい点を主張するわけですから、それを一生懸命にやらないはずがありません。新事業提案、新たなビジネスパートナーの獲得、コストダウン、なんていうものもあるかもしれません。

こんなふうになったら、完全な勝ちパターンだと思います。

上司と部下が一体になって、業績を上げるため、生産性を上げるための、あるいは利益を上げるための取り組みを進めていくようになるのです。

第5章

生産性が上がる、正当な人事評価制度のつくり方

コンピテンシーを評価制度に落とし込んでいく方法

では、どのようにして8群75項目のコンピテンシーを評価制度に落とし込んでいくのか。

実は、これは意外にシンプルな方法で行なわれています。

多くのケースで、まずはクライアントの社長と面談させていただきます。そこで、フリートークで構わないので、いろいろな話を聞かせていただくのです。多くのケースで、こんな問いかけから始まります。

「今、全社横断的に、何か課題や不満をお持ちではないですか。社員に改善してもらいたいこと、こんなふうになってほしいことなどはありませんか」

そうすると、こんな答えが返ってきたりします。

「もっと元気を出してほしいですね。ちょっと覇気《はき》がないんですよ。どうも、現状維持でいいと思っている社員が多いような気がするんです」

こういう会話から、私たちは**「言葉の因数分解」**を行なっていきます。「社長が課題として感じていることを解決するためには、どんなコンピテンシーが有効なのか」を考えていくのです。

私などは、すでにコンピテンシーディクショナリーのカードを手にしていて、話を聴きながら、B群の「行動思考」かな？「自己革新」かな？　などと思い、カードに手が動いています。そして、こんなふうに伝えていきます。

「先ほどおっしゃった、現状維持社員が多いというのは、私たちあしたのチームの言葉で言うと、自己革新というものに当てはまります。自己の足りない部分や知識・技能を、自ら積極的に取り入れている。こういうことを求めているということを評価の指標の1つに加えたらどうでしょうか」

社長の語った「現状維持社員が多い」というフレーズを、私たちなりにコンピテンシーで読み替えてお伝えしていくのです。

この後は、会社のホームページなどに書かれている経営理念など、会社が目指すものや、採用サイトに書かれている求める人物像も因数分解して、ペーパーにまとめて持っていくこともよくあります。

コンピテンシーは、多くのケースで5〜10、選択していきます。**全社共通2〜4。職種共通で2〜4、さらに役職共通で2〜3。**

それぞれ8群75項目のコンピテンシーからチョイスされ、それが目標となります。

これは、会社が定めていきます。

そして社員は、そのコンピテンシーを具体的な行動目標に落とし込んでいきます。

全社共通コンピテンシーは、多くの場合でA群、B群のコアコンピテンシーから選んでいきます。それ以外で選択されることが多いのは、D群の「チーム精神の発揮」でしょうか。また、業種ごとに、その会社らしさを示すものとして、専門コンピテンシーのC群、E群、F群、G群から選んでいくこともあります。

営業会社はC群から、士業の事務所はE群から、クリエイティブな会社はF群から、システム開発の会社はG群、コンサルティング会社はF群など、業界業種との関わりもあります。テーマパークを運営している有名企業は、「第一印象」を全社共通に入れていたりします。

また、**職種共通コンピテンシー**は、営業、経営戦略、仕入れ、経理、営業事務など職種ごとに必要なものを、専門コンピテンシーのC群、E群、F群、G群から選んでいきます。会社によって、営業に求めるものは微妙に違っていたりするところがおもしろいところです。だからこそ、あえてコンピテンシーを定めていくことの意味があります。

そして、**求めるコンピテンシーは、優先順に上から並べていきます。**課題の優先順位の高いものから設定していくのです。

全社共通コンピテンシーは必ず社長と定めていきます。

「この会社をどうしたいのか」「これから社員をどう導いていきたいのか」

それを表すものだからです。

A群、B群の20項目から選択していくことはなかなか難しく、あれもこれも、となるのですが、そこはぐっと我慢して**2〜4つ**にしてもらわなければいけません。社員は、すべては追いかけられないからです。

職種共通コンピテンシー、**役職共通コンピテンシー**は、役員や管理職に任せる会社もあります。ただし、必ず社長にチェックをしてもらっています。

というのも、このコンピテンシーの評価における配点ウエイトを、できるだけ高くしたいからです。そうしなければ、単なる成果主義になってしまいかねないからです。

繰り返しになりますが、評価制度は単なる査定の道具だけにするべきではありません。成長のため、教育のためのツールにしていく。そのためにも、目標項目をしっかりトップと握っておくことが重要になるのです。

A群「ビジネスマナー」を行動目標に落とし込む場合

全社共通、職種共通、役職共通で5～10、選ばれたコンピテンシーは、社員自身が具体的な行動目標に落とし込んでいきます。

例えば、A群「ビジネスマナー」を評価するとしましょう。ビジネスマナーができた人と、できなかった人を正しく評価することは、実は案外難しいことです。そこで、上司と部下が話し合って、部下自身が極めて具体的な目標を設定します。

例えば、こんな目標です。

【自己設定行動目標】

◆出社時、帰社時は大きな声で挨拶を行なう（社長・営業本部にも）
◆電話取りも並行して行なう
◆支店内で電話取りを徹底するために目につく場所に貼り紙をし、1カ月に1回は注意喚起を行なう
◆まだできていないときは、そのつど注意する
◆今後出てもらえるように1日に電話を取る件数の目標を立て、何件電話を取ったかの報告を行ない、達成できた場合とできなかった場合の理由の記載を必ず行なう
◆電話応対は即座に行ない、空いている時間は1本でも多く電話に出る

このように**具体的に作ることがポイント**です。抽象的な文言で作成すると、「できた」「できない」の採点があいまいになってしまい、意味がありません。

あしたのチームでは、クライアントとの協業のもと、具体的な行動例を作り上げていきます。

例えば、ある自動車販売会社のケースをご紹介しましょう。

■A群「ビジネスマナー」……一流のビジネスマンとして恥ずかしくない立ち居振る舞いができること

①言葉遣い／マナー／身だしなみ／態度

・その場の状況に応じた、正しい言葉遣いができること

・お客さまに不快感を与えない姿勢や歩き方、表情や笑顔で業務を遂行すること

②挨拶／返事

・出勤時や外出時に「おはようございます」「いってきます」の挨拶ができること
・お客さまに対して「いらっしゃいませ」「ありがとうございます」の挨拶ができること
・上記の挨拶に対する返事や、指示を受けたときに「はい」と返事すること

③５Ｓの徹底（整理／整頓／清掃／清潔／躾）
・展示場や展示車、社用車を常に清潔に保つこと
・キッズコーナーの整理整頓・清潔を保つこと
・面談後のテーブルは、感謝の気持ちを持って拭くこと
・自分のデスクやまわりの整理整頓、展示場や店内の掃除を行うこと

④時間／ルールの厳守
・５分前行動を徹底し、遅刻をしないこと
・期日を守ること
・社内ルール、規律を守ること

・上司部下間の報告、連絡、相談の徹底をすること

こうした**「行動例」を参考に、各社員が具体的にどんなことを目標にするのか、自らの行動目標を作っていきます**。そして、上司の承認を得ます。

ポイントは、**「箇条書きにしない」**ことです。

たくさんのことをやろうとしても、なかなかできるものではありません。多くの事象を目標にせず、**極力一つの事象に絞っていく**というアドバイスもします。**一つひとつは〝点〟ではなく、合わせ技のように積み上げていく**ことも意識します。

そもそも20～30字程度で、いい目標が掲げられるわけがありませんから、１００字くらいは書いてもらうようにします。

現実的で、努力すれば達成できる内容にする。頭の中で思考を泳がせると、具体的な文章になっていく。そんなアドバイスもしていきます。

具体的な目標を作るための、たくさんのノウハウを私たちは蓄積しています。

「相対評価」ではなく、「絶対評価」にする

「あしたの人事評価」では、評価制度が「見える化」されています。そのためにも、**「相対評価」をやめて、「絶対評価」を採用する**必要があります。

相対評価は、部門全体や会社全体の中で、評価される社員の成績を序列化し、相対的な関係で評価する方式です。例えば、最上位の「S」ランクの評価は「5パーセント」というように、分布基準を設けるなどして、これに基づいて評価結果を決定してしまう。

それに対して絶対評価は、部門全体や会社全体の中での相対的な関係は考慮せず、評価される社員の成績を客観的な基準だけで評価する方式です。

相対評価が良くない理由は、本来の社員のパフォーマンスより高い評価になったり、逆に低い評価になったりして、**公正な評価にならない**ケースが多いからです。

相対評価では、他の社員が低い評価であれば、絶対評価なら「B」だったはずの人が「A」になったり、他の社員が高い評価であれば、絶対評価なら「B」の人が「C」

になってしまうこともあります。

また、相対評価では、**評価点の1点が持つ意味が薄くなっていきます**。だいたいは、評価する管理者が、評価される社員に対して良い評価点を出してしまう。理屈は簡単です。

「自分だけが部下に対して厳正に評価しても、他の評価者が自分の部下に甘い評価を下したら、相対的に負けてしまう。だったら、自分の部下を守るという観点から高めの評価をしておくべきだろう」

そう考えて**シビアな評価をしなくなる**のです。これによって評価点が形骸化《けいがい》してしまうのです。

絶対評価を提案すると、「当社の評価者は甘いから絶対評価にできない」という経営者の声が返ってくることがありますが、「甘くならないようにして、絶対評価にしませんか」と私たちは再度提案をします。なぜなら、**相対評価でいいことは1つもない**からです。

絶対評価ができていないのは、適切な目標設定がなく、プロセスマネジメントもなく、公正に評価ができないからです。絶対評価ができない要素をつぶしていくことで、絶対評価はできる。そうすることで、**報酬体系の見える化**が実現していきます。

相対評価というのは、結局は「ブラックボックス」なのです。「この評価の人は何パーセントの人に割り振って……」などということをやっていると、評価される社員にとっては納得のいかない評価になる。

すべてガラス張りにすべきなのです。

「5段階評価」ではなく、「4段階評価」にする

そしてもう1つ、「あしたの人事評価」では、定性評価であるコンピテンシーの評価は**5段階ではなく、4段階評価**で行ないます。

子どもの頃の通信簿で5段階評価を経験している人も多いと思いますが、それはやりません。なぜなら、4段階にすることで、**「普通」をなくすことができる**からです。

4段階評価では、4は習慣化できてすばらしいという評価、3は及第点、2は褒められないライン、1はまったくできていない、です。**プラスでもなくマイナスでもな**

い曖昧なもの（普通）をなくすのが、4段階評価のコツです。

実際、5段階評価だと1と5はなかなか出ません。しかし、4段階だと1と4は出るようになります。きちんと差がついて、納得感が出るのです。

人事評価で重要なことは、とにかくガラス張りであることなのです。

「あなたの最終評価はAでした。給与は次回から5000円上がります」といった曖昧なものではなく、1つのコンピテンシー項目に対して、何段階なのか査定することが必要です。

このコンピテンシー項目は評価「2」、この項目は評価「4」などと項目ごとにつけられた評点を合算し、100点満点で何点だったらいくら上がるのかが最初から明示され、双方が合意している。その合算で、昇給金額も明確になっている。

これが**今の時代に合った人事評価制度**です。

ブラックボックスにしてはいけないのです。

給与査定は「10段階」評価

定量と定性、MBOとコンピテンシーの評価のバランスは、職種や役職によって変わっていきます。

いわゆる**責任の大きい人ほど、成果、定量、MBOに関わっていく**ことになります。わかりやすく言えば、上場企業の代表取締役が、コンピテンシーで株主から評価されることはないでしょう。極論をいえば、そういうことです。

したがって、経営者、役員をはじめ、局長、部長など、役職の高い人ほど、MBOが80、コンピテンシーが20、MBOが70、コンピテンシーが30など、MBOのウエイトが高くなっていきます。

逆に、最もも定性、コンピテンシーのウエイトが高いのは、間接部門の一般社員ということになると思います。

そして、定量、定性評価に基づいて総合的に判断する給与査定において「あしたの人事評価」が推奨するのは、**「10段階評価」**です。

多くの企業で給与査定が形骸化してしまっています。先にも少し触れましたが、「SABCD」の「5段階評価」をしてしまっているからです。これでは、そこそこ頑張った人と頑張らなかった人が同じランクになる可能性もあります。

これでは、評価される社員をバカにしているとしか思えません。きちんと目標設定をして、面談もして評価されているのに、みんな同じボックスに入ってしまったら、それはもう子どもだましではないでしょうか。

成果主義といっても、5段階で評価すると年功序列制のようになってしまい、差が出ないのです。ほとんどの人がBに入っている現実があります、だから社員は、ほぼ自分の昇給額が、あらかじめわかってしまっていたりするのです。

「10段階評価」では、マイナス評価も組み込まれます。評価点と評価ランクは、86点以上が8、76〜85点が6、71〜75点が4、66〜70点が3、61〜65点が2、56〜60点が1、51〜55点が0、46〜50点がマイナス1、36〜45点がマイナス2、35点以下がマイナス4です。**評価点のピッチは5点**になります。

5点くらいで差をつけないと、正当な評価制度にはなりません。1点の重みを出していかないと、人は動かないのです。

評価制度の再構築などをサポートするとき、経営者に今の査定の制度、給与規定を見せてもらうと、多くが5段階評価です。

頑張った社員にもっと給与をあげたいのと同時に、ダメだった社員は給与が下がってもいいということに同意をしてもらえなかったら、この5段階評価の制度では、絶対に具現化できないと伝えます。

この2倍くらいの段階、5点ピッチくらいで下がる人もいて、上がる人はもっと上がるという幅を持たせなければ、評価制度を作っても、社員の意識は向かないのです。

コレを明確にすれば、自分の給与を決めている感覚が生まれる

頑張れば評価される制度が整備され、運用されていれば、社員は自分の給与を自分

で決めることができるようになります。

どうすれば給与が上がるのかということがきちんと明示されていれば、あとは**自分で目標設定をして、それを給与が上がるように達成すればいい**からです。間接的かもしれませんが、自分の給与は自分が決めているという感覚になれるわけです。

「なぜ、うちの会社の社員は頑張らないのか」

「みんな、どうしてもっと働かないんだ」

と嘆く経営者がいます。

しかし、嘆いているだけでは問題は解決しません。社員が頑張るには頑張るなりの理由があり、そうでないのはそうでないなりの理由があるはずです。給与しかり、ポストしかり、社員は本能的に動くのです。

普通の社員が成果を出せるようになる
──正当な人事評価制度のさらなるメリット①

成果だけを見るのではなく、**プロセスもちゃんと評価する人事評価制度**は、社員教育にも関わってきます。

社員を育成するメカニズムが社内になければ、即戦力で結果を出せる人だけを採用するしかなくなります。

しかし、行動改善目標があり、その達成度をきちんと見て評価できる仕組みがあれば、その**仕組み自体が人材育成のツールになります**。

なぜなら、行動改善目標は、それを完遂し続けることで、仕事で結果が出せるものになっているはずだからです。それを評価できる仕組みは、ＯＪＴとして社員を育成できるのです。

しかも、**普通の能力でやる気も人並みの人を採用しても、結果を出せる社員に育てることができます**。

なぜなら、やるべきことが明確だから。納得の上で作りあげた行動改善目標に取り組めば、おのずから結果は出てくるからです。

会社側からしてみれば、即戦力を採用することなく、普通の社員の採用を推し進めればいいのです。言ってみれば、**採用のハードルを下げ、門戸を広げる**ことができます。労力を削減でき、採用コストも下がります。

社員からしてみると、**行動改善目標に取り組むことで自分が成長し、高い成果を出**

せるようになる。しかも、成果を出せれば、評価もされて、給与も高くなっていく。

プロセス評価の仕組みがあれば、社員を社内で育成でき、その社員が会社に好業績をもたらし、離職をさせないことにもつながります。

会社、社員の両者にとってプラスが大きいのです。極めて好循環のスパイラルが生まれます。

即戦力ではない人材を採用して、社内で育てていく――。

こうした考えを持っていない経営者は、多くの社員をやりがいを持って働かせることはできないと私は考えています。マネジメントを放棄しているような経営者に、社員がついていくわけがないからです。

評価制度を作ったり、プロセスを見ていくことは面倒なことかもしれません。しかし、その面倒なことをやれる経営者が強い組織を作れるのです。そして、評価制度そのものが、人を育てていくのです。

社内から新たな人材発掘ができる——正当な人事評価制度のさらなるメリット②

人事評価制度は、社内の人材の発掘にもつながっていきます。

いわゆる社内の「2・6・2」ですが、優秀な上位の「2」割は頑張れば報われるわけですから、より突き抜けていきます。まずは、上位者のほうからグッと上に伸びていくことが少なくありません。

そして動くのが、真ん中の「6」割です。中でも純粋で素直な層が、「頑張れば報われる」ということに気づいて動き出すのです。**「6」の中で、その動きが加速して**いきます。上位の「2」に入ってくる候補者が、頭角を現し始めるのです。

それこそ、経営者の「この指、止まれ」に誰が止まってくれるのかが、はっきりわかるようになります。「ここに来たい」という矢印が見えるようになるのです。

同時に「6」の中で、下位の「2」に向かう人材もわかります。2つの選別がはっきりするのです。

管理職が、管理ではなく、育成するようになる——正当な人事評価制度のさらなるメリット③

正当な人事評価制度を入れると、もう1つ大きく変わるものがあります。

それは管理職です。**管理職の意識が大きく変わります。**それが業績に直結していきます。

管理職の多くが、実は自分の役割をはっきり詳細に認識できていません。部下が数字を出していくためのサポートが上司の役割だと考えている管理職もいます。あるいは、部下を管理することが役割だと考えている管理職も多くいます。

管理職が何をすればいいのかが、明確になっていないのです。勉強熱心な管理職ほど、いろいろな本を読んで吸収したり、積極的に研修を受けたりして、頭でっかちになってしまっていることも多いでしょう。

しかし、人事評価制度ができれば、これがはっきりします。

一般社員はもちろんですが、**上司も何をしなければいけないのか、行動改善目標も含めて明確になっていくから**です。

最近では、「若い社員が飲み会に来ない、飲みニケーションができない」と悩む管理職も少なくないようです。しかし、若い感覚のほうが、実は正しいということに気づいておく必要があります。

社員は〝家族〟ではないのです。**ビジネスで結ばれたパートナー**なのです。

そしてパートナーは何でつながるのか。

それは、評価シートです。上司と部下は、評価シートでつながっている。その関係が最も健全だと思っています。

逆に言えば、それ以外でつながる必要はないし、つながらないほうがいい。飲み会に来る、来ないとか、趣味が合うとか、合わないとか、好き嫌いとか、そういうことは関係がありません。

評価シートに書かれていることこそが、上司と部下の関係です。

そしてその評価シートが人を成長させます。何ができていて、何ができていないかがはっきりするからです。会社や上司は何をしてほしいかがわかるからです。
社員が成長し、能力が開発されれば、それは会社にも上司にもプラスになるのです。

そして部下に1点でも高い点数を取ってほしいと願い、どうすればそれが実現できるかを考え、行動に移していくことが管理職の仕事です。

管理職は数字を出したり、管理をすることが仕事ではありません。**部下を育てることが仕事**なのです。

部下に寄り添って併走し、伴走し、的確なアドバイスを与えて、部下が成果を出せるように導く――。これこそが、最も尊敬され、有能だと思われる管理職でしょう。

そしてこのとき、どうやって育てるか、その指標になるのが人事評価制度であり、部下の目標であり、評価シートです。

それこそ、正当な人事評価制度や行動改善目標がなければ、どうやって部下を育成するのか。一度、評価制度や行動改善目標をもとにして管理職の仕事をすると、**「評価制度なしに管理職はできない」ことに管理職自身が気づきます**。

管理職は、評価制度をベースにして、部下の育成をしていくことになるからです。

それがなければ、どう育てていいのか、わからないのです。

部下に嫌われることを恐れる上司がいなくなる

――正当な人事評価制度のさらなるメリット④

最近では、**「乗っかり上司」**も増えているようです。厳しいことを部下に言わない。嫌われることを恐れる。しかし、これは本当に正しいことなのかどうか。

振り返ってみれば、厳しいことを言われ、叱咤激励され、怒られたことが、いかにありがたかったか、気づけるものです。

もし、上司にきちんと厳しくしてもらえていなかったら、自分の成長はなかったと言う人も少なくないでしょう。上司に甘やかされていたら、こんなふうになれなかった。上司が嫌われるのもいとわずに叱ってくれたから、今の自分はある。結果的に、優しい上司よりも厳しい上司のほうがありがたい上司なのです。

たしかに厳しい上司は、煩わしさもあります。嫌な思いもしないといけない。つらい目にも遭うかもしれない。面倒だと思うかもしれない。

でも、人が成長するときには、そういう存在の人はやはり必要だと思うのです。

そしてそのおかげで成長でき、結果を出せて、評点が上がり、給料も上がる。自分の生活も潤っていく。

その達成のために、全力で寄り添ってくれた人と、ただ上司として乗っかって、その瞬間、過程だけ優しく、嫌われたくないから何も言わない上司と、果たしてどちらがいい上司なのか。

指導者というのは、評点を上げてくれる人です。

そのために努力してくれる人です。

正当な人事評価制度があれば、このことに気づけるのです。

いい「行動目標」が出せるように添削する

コンピテンシーを使った「あしたの人事評価制度」では、**コンピテンシーから一歩踏み込んで、自らの行動目標を作っていく**ことが、1つの大きなポイントです。

具体的な行動目標だからこそ、それを実践していたかどうか、評価も容易になります。また、具体的な行動目標だからこそ、社員も取り組みやすくなります。

古い人事評価制度にも、コンピテンシーに似た行動目標がつけられていることがあります。しかし、それは多くの場合、「付与型」の目標なのです。

抽象的でよくわからない曖昧な行動目標が提示される。しかし、それでは社員は何をしていいのか、よくわかりません。しかも、よくわからない曖昧な行動目標で自分の評価も行なわれてしまう。

これでは、納得できるはずはありません。

抽象的な目標を、具体的な行動目標に落とし込んでいく。しかも自分でそれを考えていくことは簡単なことではないのではないかという声も聞こえてきます。

そういう面があるのも、たしかだと思います。すぐにいい行動目標を作れる社員もいるかもしれませんが、そうでない社員もいるかもしれない。

ただ、ここでいい行動目標を作ることができなければ、人事評価制度としてはうまく機能しません。社員も何をしていいかがぼんやりしてしまいます。また、評価する側も難しくなってしまいます。

私たちの提案する「あしたの人事評価」が古い人事評価制度と違うのは、そうした社員の「行動目標」づくりを、私たちがサポートしていく点です。

あしたのチームが行なうのは、単に人事評価制度を作るだけではありません。それは、古い「きのうの人事制度」のやり方です。だから、「うまくいかなかった」という面もあるのです。

私たちが行なうのは、**人事評価制度の構築のみならず、導入・運用サポートをしっかりと行なっていく**ことです。**サポートは最短でも半年間**に及びます。

そしてこの間に、「もしかしたら難しいのではないか」と思われているコンピテンシーからの行動目標づくりについても、しっかりサポートします。

具体的には、実際に社員が作った行動目標について添削をしていきます。

実際に、良い例についてのコメントと、悪い例をどのように添削していくかをご紹介しましょう。

《悪い例》

◎営業事務……コンピテンシー　G群「情報の伝達」

・行動目標：自分が持っている商品知識、情報をうまくまわりに伝える。
・添削コメント：「うまく伝える」とは具体的にどのような行動をとるのかが曖昧です。また、自分の持っている情報・知識を発信していくために必要となる行動事例を記載していただく必要があります。「そのために……」といった言葉を使い、日々何をどのように取り組むのかを記載していただく必要があります。

◎ビル建材営業……コンピテンシー　A群「思いやり」
・行動目標：次工程はお客さまを意識し、行動する。
・添削コメント：抽象的な表現になっています。「行動する」という抽象的な表現ではなく、具体的に目標に向けて「いつ・何を・どのような方法で」実践されるのかを記載していただく必要があります。

《良い例》

◎業務……コンピテンシー　G群「情報の伝達」
・行動目標：得た情報に対して優劣をつけ、重要度の高い事項はその場で口頭で伝え、会議での内容や月間の行動指針などはわかりやすくかみくだいて文面で伝え、各員の意識のベクトル合わせをしていく。情報の確認や各員の状況の確認なども含め、週の終わりに終礼を実施する。また各員に各情報の目的、注意点を合わせて連絡するようにする。毎日の予定、注意事項は朝礼（毎日）、週に起きた問題、トラブルなどは終礼（週一：金曜日）、重要な事項や問題点などはミーティング（最低月1回以上）を実施することにより部下へ情報を周知徹底していく。

・添削コメント：行動目標の記載が具体的です。特に行動を行なう【朝礼（毎日）、終礼（週一：金曜日）、ミーティング（最低月1回以上）】など数値として設定されていることで明確な目標となっています。

◎営業事務……コンピテンシー　A群「思いやり」

・行動目標：入金処理・小切手・約手・赤伝処理等の経理処理が各営業担当に理解できるよう、グループウェアでマニュアル化して指導します。共通スケジュールを毎日確認し、事務チーム内の不在時のフォローがスムーズにいくように、業務の標準化を図っていきます。また、上司にも報告し、支持を仰ぎ共有していきます。

・添削コメント：目標が明確に示されており（経理処理が各営業担当に理解できるよう）、その目標を達成するための行動が（何を・いつ・どのような方法）で行なうかの記載が明確に記されていてわかりやすく、評価者にとっても評価しやすい目標になっています。

社員自身の目標の立て方が、どんどん進化していく

行動目標について、良い例、悪い例はいかがだったでしょうか。

具体的な行動目標ができると、社員は具体的な行動ができるようになります。具体的だからこそ、評価する側も評価しやすくなります。

ところが、行動目標が漠然としていると、頭でその意味は理解できていても、何をしていいかわからないという状況になります。それでは、コンピテンシーは達成でき

ません。また、評価する側も、曖昧な行動目標では評価ができません。

だから、**具体的な目標をつくることが重要**になるのです。

もちろん、最初からうまく行動目標が書けるわけではありません。そこで、添削の意味が出てくるわけですが、極めて興味深いのは、**時間を経ていくことで、具体的な行動目標はどんどん変わっていく**ことです。

同じ社員が書いたとはとても思えない具体的でいい行動目標が、数カ月後、1年後に出てきたりするのです。これを**経年変化**と呼んでいますが、そのレベルは私たちの想像をはるかに超えるほどです。

おそらくそれは、自らコンピテンシーを行動目標として実践してみて、自分自身が感じるものがあるのだと思います。自分の仕事に、いい効果が出る。ならば、もっといい行動目標を作っていこう、と。

実際に、どんなふうに目標が変化していったのか、2つの例をご紹介してみましょう。


《事例1》Aさん……コンピテンシー　B群「自己革新（啓発）」

・２０１４年上期
自ら同僚や上司に意見を提示したり話をしたりして、売れ筋や売れるまでの行動などの話を聞いて営業活動に挑む。

・２０１４年下期
会議の報告では、新製品の見積もりを作成し、訪問する新仕入れ先ではカタログなどを依頼して売り込む。

売り上げの少ないところやまだ売り込めていない商品は、メーカーに同行して売り込む方法や商品の良さを学ぶ。

相談役や支店長などに、指導していただき技能を学ぶ。また、他の支店での仕事のやり方を学ぶ。

・２０１５年上期
会議での新製品情報は見積もり作成して営業を行なう。その際、売れた理由、売れない理由は毎回帰社したときに上司、営業、チームから意見をいただく。

ＰＢ品の新製品は得意先や仕入れ先から情報を聞き出し、ＰＢ委員会の担当に随時報告。

メーカー同行では、プレゼンテーション能力（資料内容、言葉遣い、説得力）を学び自らの知識にする。


《事例2》Bさん……コンピテンシー　C群「プレゼンテーション力」

・２０１４年上期
会議やメーカーさんのプレゼンを観察して営業に実践する。

・２０１４年下期
仕入れ先の会話や交渉の中より説得力を学ぶ。

他業種の知識や売り込む力など本やネットなどで良いところは切り取りやコピーをして自らの資料として日常の仕事の中で取り入れられるように心がける。

・２０１５年上期

会議では、メーカー様のプレゼンの良いところをメモに取る。声の大きさ、視線、資料、どこに力を入れているか、何を売り込みたいのか。

新規開拓の際に同じ場面では、（自分の売りたい商品を明確にし！）（自信を持って販売する）実践でＰＲし商品の説明を行なう。

またＰＢ製品の資料を熟読して、すぐに答えられるように日々、目を通す。例えば特徴、他社との違い、優れているところや値段の把握。

会社の経歴書も熟読して日々変わる状況も把握する。例えば、社員数、部署、年商、在庫の種類、取引先。

また、市販の本や実際のプレゼンテーション、研修に参加して、うまい人に指導を求め、心得や方法を日々勉強する。


いかがでしょうか。同じ社員でも、わずか1年ほどで自ら立てる行動目標が、こんなにも変わっていくのです。それは、コンピテンシーを自らの具体的な行動目標に落とし込んでいくことの価値を理解できていくからだと思います。

クラウド型のシステムを中心にして、専門ノウハウを提供

「あしたのチーム」がつくる「あしたの人事評価」は、社員を変えていきます。何年もかけたりすることなく、社内で効果を上げていきます。それは、私たちの人事評価制度の構築サポートが、これまでのものとはかなり違うからです。

私たちは、**「人事評価の本質は、運用プロセス全体にある」**と考えています。その過程で、社員が育成されていくことです。だから、私たちは導入、運用サポートを充実させています。

社員説明会に始まり、目標設定のための取り組みのサポート、中間面談をどうやって成功させるかなど、サポートは多岐にわたります。

そのサービスが**「人事評価クラウド型運用おせっかい」**です。

「人事評価クラウド型運用おせっかい」では、クラウド型のシステムを中心にして、専門ノウハウを提供していきます。社員に入力してもらった行動目標を添削したり、上司が書き込んだコメントを添削したりして、フィードバックしていきます。

人事評価のワークフローはウェブ上で一元管理して、必要な場合にはいつでもアクセスできるようにしています。

しかも、運用することが目的の評価制度です。契約期間に応じて固定費用をいただき、運用ルール設計や目標シート作成などの「制度構築」、システム初期設定やヘルプデスクなどの「導入サポート」、人事評価クラウドサービスの利用やスケジュール管理などの「運用サポート」という3つの標準サービスを提供しています。

また、評価者研修、報酬体系の設計、中間面談の同席など、標準コースで不足した分はオプションで対応しています。

お客さまからよく耳にするのは、「想像していたものとイメージが違った」という声です。

「これまで何千万円も払って評価制度を作ったことがあるが、使いものにならなかったし、実際に、使っていない。評価制度なんて、そんなものだと思っていた。ところが、導入までのサポートや、しっかりとした運用フォローの仕組みまである。この人事評価制度は、イメージしていたものとは違った」

ですから私たちも、「お客さまの想像しているサービスとは違いますよ」というところから話をさせていただくことが少なくありません。

業種業界を問わず、従業員数10人以下の会社も導入可能

実際、私たちのクライアントには大きな特徴があると思っています。まず1つは、**「業種業態をまったく選ばない」**ということです。

最初にお会いすると、こんな声が聞こえてくることがあります。

「うちの会社は特殊ですよ」

「高橋さん、うちの業界のこと、知っていますか」

「この業界はちょっと他にないくらい変わっているんですよ」

似たような声を、本当にたくさん耳にしてきました。

しかし、私たちの「あしたの人事評価制度」では関係がありませんでした。これまで1000社もの人事評価制度の導入にあたって、業種業態を選んだりしないことがわかったのです。

例えば、飲食業、介護事業所、特定派遣など、上司と部下が一緒に働いていない働き方の会社においても、私たちはしっかり制度を構築し、運用を実現しています。

そしてもう1つが、**「管理従業員が少なくても機能する」**ということです。

セミナーなどを行なって、会社のトップが導入企業の事例を説明したりする場合には、一般的には誰でも知っているような大きな会社を出したほうが、もしかすると「すごいね。そんな大きな会社も導入しているのであれば、自分たちも話を聞いてみたいな」と思われることもあるのかもしれません。

しかし、私たちのお客さまには、誰でも知っている会社ももちろんありますが、とても小さな零細企業も少なくないのです。

実際、従業員が多いから、人事評価制度が必要になるわけではありません。**人材育成につながる人事評価制度なら、人数の少ない会社でも十分に機能します。**そのためにこそ、使っていってほしいのです。それこそ社員が一人でもいれば、正当な人事評価制度は必要だと私は考えます。

だから、私たちのお客さまには、小さな会社が本当にたくさんあります。

実際、私たちのお客さまの約2割は、管理従業員数が10名未満の会社です。労働基準監督署に就業規則と賃金規定の届け出義務が発生するのが、管理従業員数が10名というタイミングです。

就業規則、賃金規定の届け出のない零細企業であっても、私たちの会社に人事評価制度についての悩みを相談され、「外部に発注してでも、正当な人事評価制度を手に入れたい」というお客さまが少なくなかったということです。すでに200社近いお客さまが、そのような取り組みを実施されているのです。

だからこそ、業種業界、規模の大小を問わず、関心をお持ちいただければと思っています。

「まだ早いのではないか」

「査定のためだけにやっていくのであれば、経営者がやれば事足りる」

「外注する必要などあるのか」

「従業員数が100人を超えてからでいいのではないか」

という声もよく聞きますが、どんな業界であれ、どんな規模であれ、社員が一人でもいれば、正当な人事評価制度はどの会社にとっても必要だと私は思っています。

そして何より、企業業績を拡大するという視点においては、従業員数の多い少ない、というのはあまり関係がありません。

だからこそ、早い段階での人事評価制度は有効だと思うのです。それは、採用時点での武器にもなります。

「きのうの人事評価」と「あしたの人事評価」の違い

ここで「あしたの人事評価」と「きのうの人事評価」の対比を改めてしておきたいと思います。

「あしたの人事評価」とは、私たちあしたのチームが推奨する評価制度の運用のやり方、構築のやり方です。**「きのうの人事評価」**は、ちょっと古い従来型の評価制度を指しています。

◎目的

まず、目的が違います。従来の人事評価制度は査定のために使っていくものでした。一般的には査定、人事考課のためだけの評価に使われます。人事考課とは、給与支給システムのことです。

しかし、「あしたの人事評価」は違います。もっと広義に捉えて、人材育成も兼ねた評価に使うのです。だから、私たちは考課という言葉は一切使いません。これは、目的が違うからです。

◎目標シートづくり

目的の違いを体現するために、目標シートづくりも違います。一般的なシートの作りでは、行動目標は付与型です。抽象的な文章が職種別、等級別、役職別に展開されています。

「あしたの人事評価」と「きのうの人事評価」の比較

		あしたの人事評価	きのうの人事評価
1	目的	人材育成も兼ねた評価	査定のためだけの評価
2	評価期間	四半期評価、半期（6カ月）査定	半期（6カ月）評価、1年査定
3	目標設定方法（1）	成果を出すために具体的な行動目標を**自己設定**させる	職種職位ごとに会社が定めた抽象的に目標を**付与**する
4	目標設定方法（2）	成果目標は会社側が項目・ウエイト・尺度までを細かく設定する	自分で数値目標を設定、事後報告
5	評価結果	**差がつく**（できる人／できない人が可視化される）	ほとんど差がつかない
6	評価尺度	**4段階**（中間点がないので、評価が明確になる）	5段階（中間点の3が多くなり、評価が不明確になる）
7	評価項目数	**しぼる**（少なくすることで、優先度を明確にし、日々意識できるようにする）	多い（個人が日々意識できる範疇を超えてしまい、実践されにくくなる）
8	評価方法	**絶対評価**	相対評価
9	査定方法	**マイナス査定を含む最低10段階**の評価ランク	**マイナス査定のない5段階**の評価ランク
10	社員への想い	**社員を大切にする評価制度**	成果評価のみで、社員を使い捨て、大切にしていないのと同義

そして、MBOと呼ばれる成果の部分は、自分たちで設定していくという形を取っています。

しかし、「あしたの人事評価」は、真逆です。コンピテンシーは会社が定めますが、行動目標は自己設定します。MBOは会社側が項目、配点ウエイト、尺度を細かく設定していきます。

行動改善を上司部下の間で促していき、行動改善プログラムを評価に組み込んでいるところが大きな特徴です。

◎評価項目について差がつく

もう1つ大きな違いは、評価項目に差がつくことです。

従来の評価制度は、実は差がついていません。差がついていない理由は、5段階評価をするからです。5段階評価にすると、どうしても真ん中の3が選ばれてしまいます。それでは最終的に点数に差がつかないことになってしまうのです。

「あしたの人事評価」が推奨するのは、4段階での評価です。中間点がないので、評価が明確になります。

◎評価方法

評価方法も、「きのうの人事評価」は相対評価が多いのに対して、「あしたの人事制度」は絶対評価です。隣のデスクで働いている仲間と勝ったか負けたかということで自分の賃金が決まるのではなく、あくまでも会社との合意の上で、上司と一緒に作り上げた目標との戦いでそれに打ち克っていき、高得点を取れば自分の給与が上がっていきます。

逆に、できなければ、給与は下がってしまいます。そこにあるのは、自責の精神です。この潔さ、わかりやすさが特徴です。自分の中で完結できる。自分がコントロールできる。だから、頑張れるのです。

◎評価期間

評価期間も違います。「きのうの人事評価」が、半期（6カ月）評価、1年査定なのに対して、「あしたの人事評価」は四半期サイクルで目標設定をして評価点を出し、2回の平均点で、年2回、給与改定を行なっていくことを強く推奨しています。

従来、年に2回給与改定をする、四半期で評価をしている会社は少ないのが日本の現状です。私は、日本の国際社会における生産性の低さ、さらには横並び主義から脱皮できない理由は、「きのうの人事評価」の評価サイクルにあるのではないかと感じています。

1年に1回、給与が決まる。今までの社会では当たり前だったかもしれませんが、これからは遅いでしょう。スピード経営に耐えていき、「優秀で頑張ったか」「なかなか成果が出なかった」を見ていくサイクルは、もう少し早いサイクルでもいいのではないかと思うのです。

目標を意識させて走り切っていき、それを振り返ってフィードバックできる最適な期間は、四半期だと私は思っています。そして、年2回の給与改定がある。優秀な社員なら、年1回の給与改定がある会社と年2回ある会社であれば、どちらに行きたいでしょうか。

選ばれる会社になるためにも、生産性を上げるためにも、評価期間は短いほうがいいのです。

◎社員への思い

そして最後の違いが、社員への思いです。単に成果だけで評価しない。成果だけで評価するのは、社員を使い捨てにして、大切にしていないのと同じだと私たちは考えます。

このときに大きな意味を持ってくるのが、コンピテンシーを使っての評価です。これをやればうまくいくという行動に対して、どれだけ一生懸命やったか。それをきちんと評価する。

「あしたの人事評価」は、社員を大切にする評価制度なのです。

厳しい成果主義から大きく評価制度を変え、売り上げが3倍に——人事評価制度の成功事例①

では、実際に私たちが人事評価制度づくりをサポートした実例をご紹介したいと思います。

広告会社のB社は、リーマンショック後、急激な成長を遂げました。背景にあったのが、業績による評価制度、いわゆる成果主義に大きくシフトさせたことでした。プロセスなど関係なく、とにかく問われるのは数字だけ。たしかに結果的には業績は伸びましたが、社長が目指していた会社とはほど遠いものになってしまいました。「結果さえ出せばいいんだろう」「成果だけが問われるんだろう」とばかりに、**社風が荒れてしまった**のです。

社長が大切にしたかったのは、お客さまにしっかり向き合って、誠実なビジネスをしていくことでした。お客さまのために、いい広告を作り、お客さまのビジネスに貢献していく。そういう会社にしていきたかったのです。

ところが、人事評価制度を成果主義に振ったことで、**違うメッセージを社内に与えてしまいました**。成果を出してくれる人たちは大切にするけれど、成果を出さなければ口もきかない。言ってみれば、そんなことを推奨してしまいかねないような評価制度だったわけです。

社員がどんどん増えていく中で、「このままでは会社が別の方向に向かってしまう」

と社長は危機感を持ちました。そこでご相談を受けたのが、私たちでした。

社内の意識を大きく変えていくためには、「社長が会社をこうしたいんだ」という明確なメッセージを送ることが大切でした。そこでご提案したのは、人事評価制度を変えることでした。**「会社が何を大切にしたいのかを、評価制度に込める」**ということです。

このときに、真っ先に定めたのが、会社が大切にするコンピテンシーでした。「誠実さ」「徹底性」「慎重さ」「自己革新（啓発）」という、本当に社長が大事にしたかったことを評価制度に組み入れたのです。

そして評価項目の優先順位を決めました。一番上に位置づけられたのが、この4つのコンピテンシーでした。そして職種共通、役職共通へと優先順位が降りていき、一番下に成果が位置づけられました。

何を一番大事にしてほしいのか、社長が社員に向けてはっきりさせたのです。

もとより成果は変わっていくものですが、社長が示した優先順位とは、変わりにくい順番でした。

全社共通コンピテンシーが最も変わりづらく、成果というパーソナルなものが最も変わりやすいもの。その考え方のもと、変わらない順に並べていったのです。これがすなわち、**会社が大切にしたいものの優先順位**でした。

成果主義からの大きな転換。社内では混乱が起きたのかと思いきや、社員からは大歓迎の声が上がりました。とりわけ賛成したのは中間管理職でした。これを待っていました、もっと早く欲しかった、と。

社内は疲弊していました。特に管理職は、どうしていいかわかりませんでした。メンターとしてハートでつながりたいけれど、強烈な成果主義のもとでは、そうもいかない。成果を出している社員だけを評価するしかなかった。これでは、マネジメントも荒《すさ》んでいきます。

人事評価制度を大きく変えたことで、会社は生まれ変わりました。若い社員や経験の浅い社員を育成するプログラムもしっかりと作られていきました。それ自体、評価の対象になったからです。

結果的に、**インセンティブ主体の成果主義から、会社が大事にするコンピテンシー**

主体の人事評価制度へと大きく切り替えたことで、人材が育ち、社風が変わり、定着率も高まりました。売上高は3倍の規模になりました。

今では、プライベートも大切にし、最も効率的に働く社員に報いるべく、「ノー残業手当」を支給する会社として話題になっています。残業しなくても、30時間分の残業代が支払われるのです。残業しなければ、それだけ社員はトクをすることになります。

この仕組みができたことで、社内はより効率的に、生産性高く働く意識が高くなり、社員の働く満足度はさらに高まっています。

こうした先端的な取り組みも、しっかりと会社が社員にメッセージを発信しているがゆえだと思います。そして、それ自体が評価の対象になる。だから、社員も本気で動いていくのです。

「評価制度に何を組み込むか、何を大事にするか」というメッセージを送ることで、会社は変わることができるのです。

「コンピ面談」が、社内で流行語になった小売業

――人事評価制度の成功事例②

もう1つ、ご紹介する実例は、専門小売業のC社です。

この会社では、あしたのチームが人事評価制度をサポートさせていただいた結果、社内である流行語が生まれたのでした。それが、「コンピ面談」でした。

コンピテンシーという言葉自体、ちょっと珍しい響きですし、カワイイところがあります。加えて、**コンピテンシーをベースにした面談が、社内で高く評価された**のでした。

あしたのチームがお手伝いする人事評価制度では、四半期に一度、評価についての面談を行なうことを推奨しています。

会社が選んだコンピテンシーについて、社員一人ひとりが独自の行動目標を作っていますが、それがきちんと実行されているかどうか、何か困っていることはないかどうか、上司と話し合いをする場です。

これをC社では、コンピ面談と呼んでいました。そして、このコンピ面談が会社の

空気を大きく変えていたのです。

四半期に一度コンピ面談をするためには、上司は部下の行動についてしっかり見ておかなければいけません。部下の日々の行動を上司がきちんと見ているからこそ、四半期の面談は成立します。

逆に部下の立場に立てば、上司がしっかりと自分の日々の仕事ぶりを見てくれて、しかも四半期ごとに面談してコメントをもらえるというのは、実はとてもうれしいことだったのです。

実際、もし上がってきた数値だけを見られていたとしたら、どうか。それでは、上司と部下の関係は、殺伐としてしまうでしょう。しかし、面談を持つ機会がなければ、「数値だけを見ているんだな」と部下に思われてしまっても仕方がないわけです。

しかし、四半期のコンピ面談があることで、それが変わりました。仮に数値に達していなかったとしたら、「ではどうしようか」「これから何ができるか」ということを上司と相談することができます。

上司は部下に寄り添ってくれて、導いてくれる。結果を出すためのプロセスを一緒に考えてくれる、支援してくれる関係になっていったのです。そして上司も、部下の成長に貢献したいという気持ちを持つようになります。それが、管理職のマジョリティになっていったのでした。

小売りの現場ではよく、売り上げを上げていこうと、変えることを求める傾向があります。コンピテンシーで言えば、B群から「自己革新（啓発）」「チャレンジ性」「目標達成への執着」が選ばれたりします。

しかし、**数字が出ていない不振の会社の小売業が掲げるべきコンピテンシーというのは、実はB群ではなかったりします**。もうすでにそういう取り組みはやり切っているのです。

そうではなくて、**一度、原点に戻る**のです。

例えば、大きな声で「いらっしゃいませ」と笑顔で言えば評価される、給与が上がるとなったら、意外に結果が変わってくることがあります。

「もっと数字を上げよう、変革しよう」ということではなく、もう一度原点に戻る。それが、功を奏したりするのです。こういうことも、コンピテンシーを使って行なうことができます。

C社はユニークな会社で、もともと目標が何もありませんでした。しかし、これからは変わっていこうとしていました。

社内では、ベテランや管理職は、いろんなことを知っていたはずです。コンピ面談をはじめ、**コミュニケーションが活性化していったことで、社内でノウハウ共有がどんどん進んでいきました**。

C社の業績は、今もとても好調です。最近では、担当企画の勝敗率をMBOの評価項目にするなど、クリエイティブな取り組みも増えています。さまざまな創意工夫から生まれた結果です。

そして人事評価制度によって、会社が社員に求めるものを今も明快なメッセージとして伝えています。

人事評価制度は、会社を、社員を、大きく変えていく可能性を秘めているのです。

おわりに――業績向上のための最後の唯一の手段

多くの企業の人事領域における課題は、これから次の４つに収斂されていくと私は感じています。

「社員の労働生産性の向上」
「管理職の育成」
「採用力のアップ」
「若手優秀人材の離職率の低下」

実際、このいずれかに課題を持っているという経営者から、さまざまなご相談をいただくことが少なくありません。

一方で、私がいつも問いかけているのは、この4つの因子がすべて改善に向かっていったとき、会社の業績はどうなっていくかということです。

実際、私たちのサポートによって**人事評価制度を構築し、適切に運用することで4つの因子を改善させ、業績を向上させることに成功した経営者が続々と出てきている**のです。

評価制度を変えるだけで、昨年対比で売り上げが数十パーセントも伸びた会社もあります。

改めて感じるのは、「企業経営者が、もしかすると人事評価制度というものの価値について気づいていなかったのではないか」ということです。その意味では、経営者の目線がまだ向いていなかった、業績向上のための最後の唯一の手段ではないかとすら私は考えています。

人事評価制度はすでにあるという会社も少なくないかもしれません。

しかし、それはきちんと機能しているでしょうか。優秀な人材に、本当にきちんと報いるものになっているでしょうか。成果主義、能力主義と言いながら、相対評価や査定調整をしてしまい、結局、年功序列制に近いものになってしまってはいないでしょうか。

逆に、頑張らない人にも、会社からのメッセージがしっかり伝わるものになっているでしょうか。

私たちの提案している人事評価制度は、**頑張った人に正当に報いる代わりに、頑張らない人にはマイナス査定も厭《いと》わないもの**です。

「マイナス査定なんてできるのか」という声もよく聞きますが、正当な人事評価制度があれば、それはまったく問題なくできます。そして、この「頑張った人がきちんと報われる」仕組みが本当に実現されてこそ、社員の頑張りに火がつくのです。

頑張りにきちんと応じた給料が支払われるようになれば、会社は大きく変わります。「それなら頑張ろう」という社員が大勢出てきます。ダラダラと長時間残業している社員が評価されなくなれば、残業もなくなっていきます。

業績が上がれば利益が生まれ、昇給の原資も大きくなっていきます。そうなれば、ますます社員は頑張れる。好循環スパイラルが生まれていく。さらに業績は上がっていくのです。

日本ではこれから「働き方改革」が本格的に始まります。もう変革は待ったなしになります。「あしたの人事評価」をこそ、企業は取り入れるべきです。私たちはそう考えています。

なお、最後になりましたが、本書の刊行にあたっては、フォレスト出版のみなさん、スタックアップの後尾和男さんにお世話になりました。また構成にあたっては、ブックライターの上阪徹さんにお世話になりました。この場をお借りして、感謝申し上げます。

企業経営がますます難しさを増す中で、少しでも本書がお役に立てれば幸いです。

２０１７年６月

株式会社あしたのチーム代表取締役社長　高橋恭介

【著者プロフィール】
望月禎彦（もちづき・よしひこ）
有限会社人事政策研究所代表。立教大学卒業後、ユニ・チャーム株式会社人事部を経て、92年人事政策研究所設立。支援先を中堅企業に絞り、支援先企業が人事政策面で１人立ちできるよう徹底的に指導するのが特徴。「行動」をベースにした独自の理論を駆使し、「できる人」を着実に増やし、成果につなげている。実際の支援先は20年間で300社を超え、独自開発した人事評価ASPシステム「コンピリーダー」のユーザー数は累計600企業にのぼる。人事評価制度コンサルタントの第一人者。2011年よりノウハウを体系的に提供する塾形式の「望月人事クラブ」を主宰。

高橋恭介（たかはし・きょうすけ）
株式会社あしたのチーム代表取締役社長。大学卒業後、興銀リース株式会社を経て、プリモ・ジャパン株式会社に入社。同社の取締役副社長として人事評価制度構築を主導し、離職率を大幅に下げ、同時に採用にも力を入れ、従業員数500名規模までに拡大。その結果、ブライダリングシェア１位を獲得する企業になるまでの急成長を牽引。2008年、株式会社あしたのチームを設立。現在、国内外21拠点（国内19拠点、海外２拠点／台湾・シンガポール）を構え、急成長を遂げている。

なぜあの会社の社員は、
「生産性」が高いのか？

2017年7月18日　　初版発行

著　者　望月禎彦　高橋恭介
発行者　太田　宏
発行所　フォレスト出版株式会社
〒162-0824 東京都新宿区揚場町2-18　白宝ビル5F
電話　03-5229-5750（営業）
03-5229-5757（編集）
URL　http://www.forestpub.co.jp

印刷・製本　新灯印刷株式会社

ISBN978-4-89451-766-0　Printed in Japan